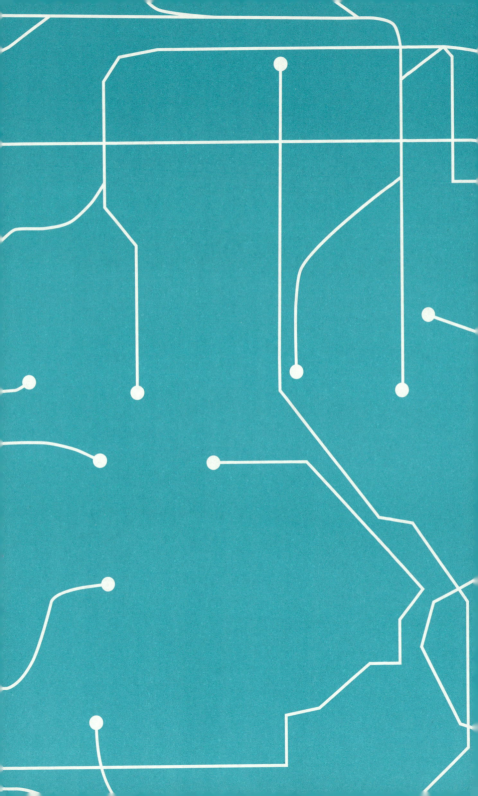

ALANA TRAUCZYNSKI

RECALCULANDO A ROTA

UMA LOUCA
JORNADA EM
BUSCA DE
PROPÓSITO

goya

RECALCULANDO A ROTA

PREPARAÇÃO DE TEXTO:
Tássia Carvalho

CAPA, PROJETO GRÁFICO E DIAGRAMAÇÃO:
Desenho Editorial

REVISÃO:
Mônica Reis
Simone Zac
Entrelinhas Editorial
Isabela Talarico

DIREÇÃO EXECUTIVA:
Betty Fromer

DIREÇÃO EDITORIAL:
Adriano Fromer Piazzi

EDITORIAL:
Daniel Lameira
Mateus Duque Erthal
Katharina Cotrim
Bárbara Prince
Júlia Mendonça

COMUNICAÇÃO:
Luciana Fracchetta
Felipe Bellaparte
Lucas Ferrer Alves
Pedro Henrique Barradas

COMERCIAL:
Orlando Rafael Prado
Fernando Quinteiro
Lidiana Pessoa
Roberta Saraiva
Ligia Carla de Oliveira
Eduardo Cabelo
Stephanie Antunes

FINANCEIRO:
Rafael Martins
Roberta Martins
Rogério Zanqueta
Sandro Hannes

LOGÍSTICA:
Johnson Tazoe
Sergio Lima
William dos Santos

COPYRIGHT © ALANA TRAVCZYNSKI, 2014
COPYRIGHT © EDITORA ALEPH, 2015

TODOS OS DIREITOS RESERVADOS.
PROIBIDA A REPRODUÇÃO, NO TODO OU EM PARTE, ATRAVÉS DE QUAISQUER MEIOS.

goya
É UM SELO DA EDITORA ALEPH LTDA.
Rua Lisboa, 314
05413-000 – São Paulo – SP – Brasil
Tel.: (55 11) 3743-3202
www.editoraaleph.com.br

DADOS INTERNACIONAIS DE CATALOGAÇÃO NA PUBLICAÇÃO (CIP)
(CÂMARA BRASILEIRA DO LIVRO, SP, BRASIL)

Trauczynski, Alana
Recalculando a rota : uma louca jornada em busca de propósito / Alana Trauczynski. – São Paulo : Goya, 2015.

1. Memórias autobiográficas 2. Trauczynski, Alana de Abreu I. Título.

15-06186   CDD-920.72

ÍNDICES PARA CATÁLOGO SISTEMÁTICO:

1. Mulheres : Memórias autobiográficas   920.72

Para Agha e Arif, por me guiarem sempre.
Para toda a minha família, pelo amor incondicional e apoio.

Para todos os que estão perdidos...
Eu os entendo completamente.

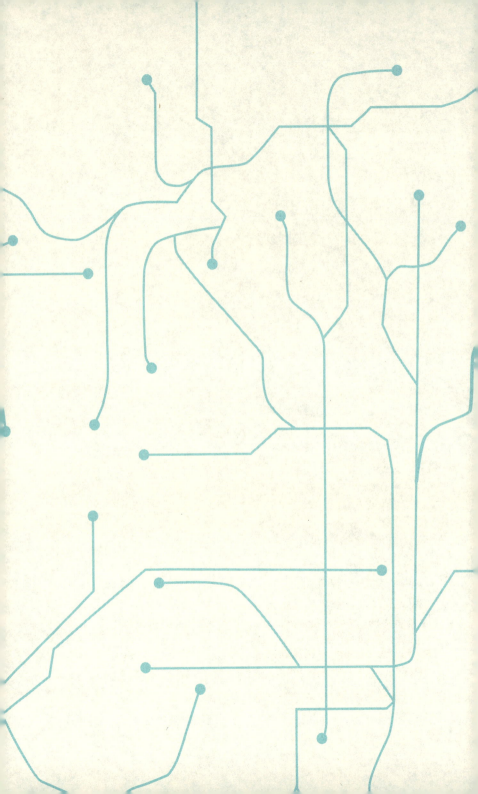

Prefácio

Esta é a história de uma menina. Pelo menos algumas das muitas histórias. Ou melhor, esta é a história de uma mulher no exato instante em que ela se constrói, mas também poderia ser a história de qualquer um de nós, meninos e homens, com nossas perguntas, nossos conflitos, nossa sensação de estarmos perdidos sem saber que rumo seguir, nossas indecisões, inseguranças e dificuldades para escolher caminhos cruciais: questões comuns a todos ao atravessarem o rico e assustador território entre infância e idade adulta.

Esta é também uma história sobre não saber e a liberdade de buscar. Encontrando ou não, entender que a vida nos molda de acordo com nossas experiências e oportunidades, promovidas por nós mesmos ou surgidas ao azar, ofertadas pelo acaso, valendo-se de nosso movimento inconsciente de apenas estar ali: no lugar certo, na hora certa.

Somos produto do que vivemos! A Alana sabe disso. Sabe porque buscou e vivenciou! Sabe porque virou mulher esculpida pelo sopro do que viveu. Este livro nos revela um pouco (ou muito!) de quem é esta mulher...

Conheço a Alana faz algum tempo. Lembro-me de que era

carnaval em Floripa... E desse carnaval tenho *muitas* lembranças, mas uma das mais saborosas é o som da gargalhada de nossa autora. Seu sorriso esteve sempre presente, não só durante nossas férias, mas até hoje.

O humor da Alana é uma arma, uma ferramenta que ela usa pra dançar com a vida! E isso ela não aprendeu em suas andanças; já nasceu com esse dom. A contradança se dá pela inteligência. Só os inteligentes têm humor. Só os muito inteligentes têm o humor da Alana.

Nós nos perdemos por uns tempos e nos reencontramos quando ela me enviou um de seus artigos para um jornal ou site, além de me contar como andava, o que tinha passado nos últimos anos, na esperança de restabelecer contato. Imediatamente me dei conta de como, às vezes, a distância e o tempo são cruéis em separar as pessoas, até quando elas se gostam. Mas também como estes, mesmo tão poderosos, não conseguem apagar um sorriso ou o som de uma gargalhada de nossa memória.

Eu me lembrei dela, de nossas férias e de como fomos felizes... O que eu não sabia era que minha amiga gostava tanto de contar histórias, coisa que descobri lendo seus artigos. E, mais do que isso, percebi sua necessidade de colocar para fora todas as suas experiências e andanças e assim, de alguma forma, revelar ao mundo o resultado que o sopro da vida produziu na mulher que ela se tornou. Descobri também que ela faz isso com muito talento, com toda a inteligência que culmina no seu humor eterno e, acima de tudo, na alegria profunda de quem ama o que faz, de quem ama a "estrada". Viajar, descobrir-se ignorante, conhecer a si mesma, fortalecer-se e aprender, divertindo-se com isso (e muito!) é o que fez a autora ao longo desta vibrante jornada.

Recalculando a rota

O diferencial é a alegria de quem ama contar suas histórias: as tristes, as divertidas, as dramáticas, as transformadoras, as patéticas... Sem pudores, a autora transforma cada uma de suas peripécias em tijolos da alma e mostra como podemos nos construir a partir de nossas experiências.

O resultado é uma leitura fácil e gostosa, como se fôssemos espectadores em tempo real. Por meio de sua linguagem informal, despretensiosa e juvenil, vivemos com ela suas dúvidas, seus dilemas e suas descobertas.

Recalculando a rota tem cheiro de liberdade. Espero que vocês também possam sentir esse frescor e conhecer um pouco mais de perto a minha amiga, toda sua transparência inteligente e seu sorriso infinito.

Boa leitura.
Thiago Lacerda

Nota da autora

O Thiago diz que nos conhecemos no verão em Floripa. Na verdade, foi em um inverno em Curitiba (!), mais de dez anos atrás. Naquele dia, cantamos Djavan desafinadamente em um caraoquê, e as pessoas passaram a noite perguntando-se quem era aquela baixinha louca, que parecia tão íntima daquele ator alto e lindo. Até hoje não descobriram... E eu continuo em busca da descoberta. O carnaval em Florianópolis foi um tempo depois disso. Lá quase perdi os cabelos andando com ele em meio à mulherada ensandecida. Afastamo-nos em uma era não digital e reencontramo-nos quando uma amiga perdeu as malas no aeroporto de Nova York ao mesmo tempo que ele. Ao dizer que me conhecia, faturou seu endereço de e-mail, para o qual escrevi uns dias depois. O Thiago é um ímã de pessoas: querido e hipnotizante. Famoso ou não, estar perto dele sempre foi um grande presente, ofertado pela vida em um acaso muito bem-aventurado. Eu mereço todas essas prazerosas "coincidências"? Não sei. Mas tendo a estar no lugar certo, na hora certa (ou a conhecer alguém que está!).

15   Introdução

23   **Rota 1**
      Piloto automático

35   **Rota 2**
      Buscar as respostas no mundo

36   QUÉBEC, CANADÁ
      Ser diferente é bom

58   SANTA CATARINA E PARANÁ, BRASIL
      Os condicionamentos são um atraso

78   CALIFÓRNIA, EUA
      Amor cura

112   CIDADE DO MÉXICO, MÉXICO
      Os medos devem ser encarados

122   SANTA CATARINA, BRASIL
      O estresse é um dos maiores vilões

142   BARCELONA, ESPANHA
      Caminho errado também é caminho

156 LONDRES, INGLATERRA
A humildade é uma lição difícil

168 EDIMBURGO, ESCÓCIA
Às vezes a gente dá sorte

174 MADRI, ESPANHA
Confiar na vida é preciso

178 LAS VEGAS, EUA
Abandonar as ilusões

214 ILHA DE MAUI, HAVAÍ
Você é responsável pela vida que tem

221 **Rota 3**
Esvaziar-se

237 **Rota 4**
Consultar o GPS interno

255 Agradecimentos

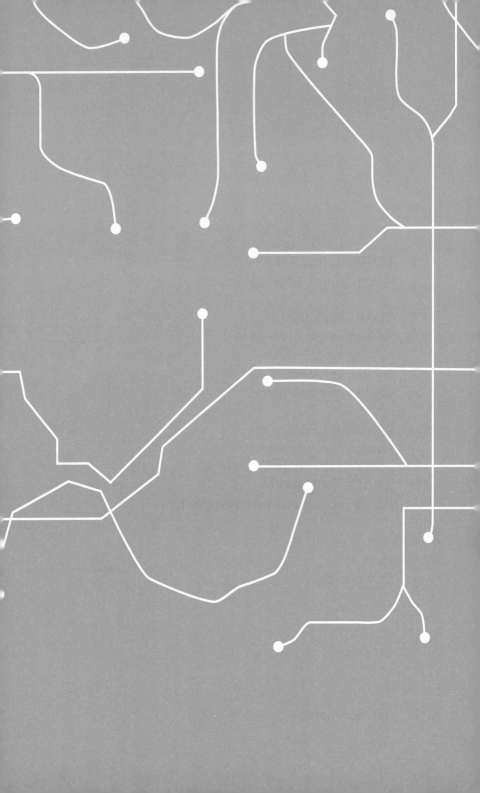

Introdução

> E se um demônio o seguisse em uma noite daquelas em que você se sente o mais solitário dos solitários e dissesse: "Você viverá esta vida por infinitas vezes e terá as mesmas dores, alegrias, pensamentos e arrependimentos, todos na mesma sequência. A ampulheta será virada eternamente e você com ela, grão por grão!". O que você faria? Atirar-se-ia no chão rangendo seus dentes e amaldiçoaria esse demônio ou responderia: "Nunca ouvi nada mais divino"?
>
> **Nietzsche**

Sim. Queria começar o livro usando essa palavra. Ela é positiva, aberta e inspiradora. Fez o John Lennon apaixonar-se pela Yoko Ono (ele viu essa palavra na entrada de uma das exposições dela). E acho que representa bem minha posição perante os acontecimentos. Sim. É o que eu venho dizendo para a vida desde que nasci. Mesmo que isso não tenha sempre me levado para as situações mais confortáveis, ainda acho que é um bom jeito de vivê-la. Estar aberta para tudo e aceitar o que acontece, ou bom ou ruim. No entanto, fazer um julgamento entre o bom e o ruim é uma tarefa bem difícil. Quantas vezes coisas aparentemente ruins se transformam em bênçãos e mudam sua vida para sempre? E quantas vezes coisas aparentemente boas bloqueiam o seu caminho, mudam sua perspectiva e o conduzem para o rumo errado?

Por muitos anos, fui uma dessas pessoas que vagam meio sem rumo pela vida. Isso deve explicar o fato de eu ter vivido em cinco países, quinze cidades e mais ou menos 29 CEPs distintos. Talvez eu apenas não tivesse ideia do que estava fazendo (e considero essa possibilidade escancaradamente). De qualquer forma, tenho muitos amigos e conhecidos pelo mundo inteiro, e existe uma coisa que me mantém confiante quanto ao meu futuro: o fato de ter sempre seguido minha intuição e escutado o meu coração, apesar de ele nem sempre ter me dito aquilo que eu queria ouvir. As opções que surgiram no meu caminho nem sempre foram óbvias ou fáceis. Às vezes eu até sabia, lá no fundo, que as coisas que vivenciaria não eram assim tão boas. Mas, de qualquer forma, eu tinha que ver para crer.

Meus maiores objetivos na vida são evoluir como ser humano, tornar-me uma pessoa melhor, libertar-me dos julgamentos e condicionamentos, viver o momento presente em tempo integral (ou tanto quanto for capaz) e ser fiel à minha verdadeira natureza sempre que possível. Não porque eu acho que tudo isso soa muito bem, mas porque acredito que podemos ser bem mais felizes assim. Na real, podemos ser felizes na maior parte do tempo se formos livres.

Liberdade, taí uma palavra que amo (como toda boa aquariana). E não só a palavra, mas o que ela representa. Talvez eu não devesse nem falar que tenho objetivos, porque, se você parar pra pensar, até um objetivo é uma limitação. A melhor forma de colocar o que sinto é dizer: quero estar em harmonia com o plano maior para mim. *Voilà!* Quero realizar aquilo que vim para realizar. Acrescentar a esta existência aquilo que só eu, faceta única, tenho para acrescentar, seja tal coisa grandiosa ou não. É claro que parece muito fácil falar. Gosto de pensar que não sou o tipo de pessoa que escolheu o caminho fácil, ou seja, viver a vida como uma vítima dos acontecimentos, reagindo às suas porradas como se eu não tivesse nada a ver com isso, reclamando do quanto tudo é difícil, chorando o leite derramado e rezando para que as coisas melhorem. Esse realmente não é o caminho fácil a longo prazo e, além do mais, as coisas provavelmente não melhorarão. Não até que aceitemos que somos responsáveis pela vida que temos. Não até nos darmos conta de que tudo o que acontece conosco é reflexo de nossos próprios desejos inconscientes, condicionamentos, limitações e pensamentos. Não até que vejamos que o nosso ser essencial sempre fala mais alto, por meio da forma como nos sentimos: tristeza, angústia, preguiça crônica ou depressão; todos esses sentimentos, vistos de uma forma positiva, podem ser uma oportunidade para mudar a vida.

Mas, mesmo que eu pareça muito esclarecida e que tenha a fórmula para a felicidade, não é só sobre isso que você lerá. Na verdade, este livro é o desabafo da minha confusão interior, da minha dor. Sabe quando sente, em certos momentos, que existe alguma parte de você que chora profundamente? Um buraco sem fundo de desespero que o faz questionar tudo ao seu redor e o impulsiona a buscar respostas, razões, explicações, sinais, sensações ou qualquer coisa que o faça acreditar que vale a pena viver. A necessidade de se sentir inteiro sem

Alana Trauczynski

precisar de uma fachada (algo como um namorado lindo, um emprego perfeito, uma casa na praia, peitos novos ou um foguete que simplesmente possa levar você daqui!).

O MEU MAIOR PROBLEMA SEMPRE FOI NÃO SABER O QUE EU QUERIA FAZER QUANDO CRESCESSE. DESCONHECIA A ÁREA EM QUE TINHA POTENCIAL PARA ME DESTACAR; DESCONHECIA COMO PODERIA DE FATO CONTRIBUIR POSITIVAMENTE COM O MUNDO, MEU PROPÓSITO DE VIDA, MINHA VOCAÇÃO. Até sabia que tipo de pessoa eu queria ser, mas não como chegar lá. Sempre fui extremamente confusa. Morria de inveja das crianças que diziam "eu quero ser advogada", "quero ter três filhos" ou mesmo "quero morar em uma fazenda e criar cavalos".

Até pode ser que eu tenha dito coisas assim, mas nunca de modo tão específico. Nunca pude me ver rodeada de filhos, indo ao mercado com um sorriso no rosto, providenciando as refeições do meu querido marido, sentando-me em volta da mesa para cantar "Oh Happy Day" como em uma propaganda de cereal. Nunca me vi trabalhando no jardim atrás da casa enquanto olhava as crianças brincando e correndo, como em uma comédia americana água com açúcar. Nada disso. A verdade é que eu não tinha nem ideia. Você pode imaginar quão incrivelmente vazia, desesperadora, desconfortável e instável essa sensação pode ser, sobretudo para uma pessoa totalmente identificada com o "fazer"? Sou o que eu faço, era o que eu pensava. É o que a grande maioria da sociedade pensa. E foi exatamente aí que a vida teve que me dar uma rasteira. Nada seria mais humilhante para uma pessoa identificada com o fazer do que justamente... não saber o que fazer.

A vida foi bem mais fácil enquanto não havia necessidade de tomar grandes decisões, enquanto o sistema estabelecia por mim o que deveria ser feito: ir à escola, passar de ano, fazer as tarefas, formar-me. Ou seja, ao que me parece, passei grande parte da vida no piloto automático. Eu funcionava tão bem dessa forma! Sempre ótima aluna, entre as dez melhores da classe. Também estive entre os melhores alunos de uma escola franco-canadense quando não falava uma palavra de francês, é mole? Ser aprovada com louvor na disciplina História de Québec em uma língua que se acabou de aprender não é para qualquer um. Mas, de qualquer forma, não estou aqui para falar de todas as minhas grandes conquistas. Elas não significam muito, não implicaram muito esforço, eram pura utilização dos dons e das ferramentas que me foram dados gratuitamente quando fui concebida. Dons que me conduziriam às exatas situações em que, finalmente, teria que aprender e mudar. Todo mundo tem dons, assim como todo mundo tem que aprender. Isto é a chamada e-vo-lu-ção: usar sua vida para tornar-se a melhor versão de si mesmo.

Meus problemas apareceram quando tive que começar a tomar decisões sozinha. Quando mamãe e papai não estavam mais aptos a me dizer o que fazer, aonde ir, o que vestir e como fazer as coisas. Não me entenda errado, meus pais sempre estiveram presentes, apoiando-me em tudo o que fosse possível. A diferença era que agora as decisões cabiam a mim. Só eu podia saber para onde minha vida se encaminharia. De repente, eu tinha dezenas de escolhas a fazer. Eu podia criar minha própria realidade.

Entendo que isso, no passado, era o sonho de muita gente. Grande parte das pessoas não desfrutou esse tipo de liberdade. Suas vidas eram decididas por seus pais, maridos ou qualquer outra pessoa. Os filhos normalmente seguiam a profissão dos pais, herdavam seus negócios, garantiam-se com o conhecido. Hoje em dia as coisas mudaram. Com a internet, a juventude tem acesso ao mundo todo, a informação é instantânea; as opções, infinitas. É aí que o excesso também pode ser um grande problema. Eu podia tudo!

E como você combina o fato de poder fazer qualquer coisa com o de não ter a menor ideia do que quer? Posso dizer com convicção que é uma bagunça emocional gigante. Tão ruim quanto saber exatamente o que quer e não conseguir realizá-lo, ou achar que você quer uma coisa, mas, quando consegue realizá-la, vê que ela não mudou em nada a forma como se sentia. É avassalador! Fica-se à mercê do julgamento do resto do mundo, com medo de que olhem para você. As circunstâncias exteriores refletem a forma como você se sente, e tudo fica muito incerto. O seu valor pessoal depende das coisas que realiza, do seu trabalho, das suas conquistas, dos seus diplomas e das suas posses. Ou seja, se você não faz nada, então também não vale nada. E sabe o quê? Isso tudo é uma grande balela! A historinha que nos contaram sobre a vida, como as coisas funcionam, como você deve viver, por que deve fazer certas coisas... Tudo m-e-n-t-i-r-a! A maioria das pessoas não sabe porcaria nenhuma. Os "adultos" que você respeitou estavam simplesmente repetindo aquilo que também lhes foi dito. Os condicionamentos são passados de geração a geração, e poucos se esforçam o bastante para transformá-los de maneira positiva.

Pelo menos foi isso que constatei por meio desta história, cuja personagem sou eu mesma. Este livro é o que eu chamaria de um romance de autoficção. Já me disseram uma vez que a melhor forma de transmitir uma mensagem é mediante a "contação de história"; assim, foi esse o meio que escolhi. Conhecer a minha história pode ser útil a outras pessoas, principalmente àquelas que, ao olharem para si mesmas, consigam identificar os pontos em que somos semelhantes.

Recalculando a rota

Por mais que todos os relatos sejam verdadeiros, a visão que uma pessoa tem da própria vida não deixa de ser ficcional, pois engloba apenas um espectro dos fatos, e nossa interpretação depende de nossos próprios filtros, traumas, emoções e condicionamentos. De toda forma, esta é uma viagem até o mais fundo da alma da jovem que fui. É um livro íntimo, sem censura e cru. Uma fratura exposta ensanguentada e sem estanque.

Metaforicamente falando, o livro é a minha tentativa de adquirir uma visão mais ampla do caminho traçado pelas minhas escolhas, com todos os aspectos positivos e negativos que representaram. Como se houvesse duas personagens: uma inserida no contexto (jogando o video game da vida) e outra observadora, que se analisa, encontra novos significados e enxerga além das aparências. Vale dizer que minha linguagem também vai mudando ao longo do livro, à medida que novos valores e aprendizado são adquiridos. Recalcular a rota – como diz o aparelho de GPS quando a gente erra o caminho – foi necessário cada vez que o destino esperado não era alcançado.

Abra seu coração para este carrossel de diversões, emoções, aventuras, empolgação, contradições, desespero, tristeza, amor e todos os sentimentos tão difíceis de entender, mas tão maravilhosos de vivenciar.

Estou convidando você para esta viagem... Aperte os cintos e desfaça-se de todos os seus julgamentos.

Mais além das ideias do que é certo e errado existe um campo...
Eu o encontrarei lá!
Rumi

Alana Trauczynski

Eu sou um buscador, dando meus passos no universo. Tentando entender, tentando digerir a vida. Não quero parar até encontrar de fato tudo o que venho buscando: dar todo o meu amor!

Autor desconhecido

Maria Pia. Ninguém merece esse nome, mas minha mãe estava decidida. Ainda bem que o meu pai viu passar uma enfermeira bonitona que se chamava Alana e se apaixonou... pelo nome, não por ela (ufa!). Bendita seja essa mulher que me salvou de ser muito zoada na escola.

Era uma manhã nevoenta em Wilmington, no minúsculo estado de Delaware, nos Estados Unidos. Não me *pergunte* nada sobre o lugar; você talvez saiba mais do que eu, porque meus pais se mudaram de volta para o Brasil antes mesmo de eu completar dois meses. Minha cultura, portanto, é 100% brasileira, com muito orgulho. No entanto, tenho uma fascinação um tanto inexplicável pelos Estados Unidos, como se lá houvesse um ímã que de alguma forma sempre exercesse certa força de atração sobre mim, contra a qual fui muitas vezes impotente.

Nessa época, meu pai era um médico *workaholic*, e minha mãe, uma riquinha neurótica. Não, eles não estão mais juntos (convenhamos que um casamento de mais de trinta anos, hoje em dia, não é assim tão comum), mas tiveram uma linda história de amor. E até que, apesar de às vezes pensarem o contrário, fizeram um trabalho bem decente na criação de seus filhos: eu e meus dois irmãos, um mais velho e outro mais novo, separados por quatro anos de cada lado.

Por que acho que fizeram um bom trabalho? Definitivamente não porque foram tão bons pais, pois isso é para muito poucos, já que errar é humano. Mas porque ao menos eles sempre tentaram ser verdadeiros, consigo mesmos e conosco. Ainda que a situação fosse caótica às vezes, a gente não teve que lidar com hipocrisia. A loucura de cada um e da vida era óbvia, clara e aparente. Muito pouco era dissimulado, pelo menos pouco do que é essencial. Eles trabalharam arduamente sobre si mesmos, em busca de autoconhecimento, e nós fomos criados durante esse processo. Anos 1970 e 1980, época de libertação sexual, Fisher Hoffman, muita maconha e a busca pelo sentido da vida. Fomos, provavelmente, as primeiras crianças na escola a terem pais que faziam meditação, cursos de autoconhecimento, viagens espirituais e tudo isso. Às vezes, como consequência da busca fervorosa, eles também se esqueciam de ir nos buscar na escola ou de outras coisas do gênero. Lembro-me de uma cena em que fiquei esperando durante muitas horas já no escuro, com medo, pensando no quanto gostaria de ser como outras crianças, com pais normais que chegam no horário, não beijam seus amigos na boca nem pegam sol pelados na praia.

Quando eu tinha mais ou menos quatro anos, a gente se mudou para um lugar a uns quarenta minutos da escola. Um sítio maravilhoso, com lagoa, muita grama e árvores, flores lindas, tudo isso. Lá meus irmãos e eu passamos a maior parte de nossa infância e adolescência. No meio do nada, praticamente! Havia uma venda poeirenta, um campo de futebol e alguns vizinhos. Nem telefone tínhamos, porque as linhas não chegavam até lá. Aliás, nem o correio. Telefones celulares não existiam, e a gente ainda nem sonhava com a internet. Eu me lembro de que às vezes minha mãe nos acordava para ir de charrete à casa do único vizinho que possuía telefone para ligar para o hospital e tentar descobrir o paradeiro do meu pai, que às três da manhã ainda não havia voltado para casa. A gente só tinha um carro, e tudo era muito complicado.

Meus pais vêm de famílias ricas e conhecidas naquela região. Os pais da minha mãe morreram muito cedo; eu nem os conheci. Meu avô por parte de pai também morreu quando eu era criança, todos de câncer. Meus pais herdaram algum dinheiro e investiram em imóveis, então morávamos confortavelmente, em casas grandes e suntuosas. Parecíamos uma família muito bem de vida, mas na verdade, nessa época, sobrevivíamos com pouco. Ainda assim estudávamos na melhor escola particular da redondeza. Educação é básico. Sempre tivemos todas as ferramentas para nos desenvolver da melhor forma possível. No entanto, frequentemente havia incidentes que não nos permitiam chegar à aula no horário, e às vezes nem chegávamos: um pneu furado, uma enchente, uma árvore caída na estrada bloqueando o caminho, falta de eletricidade, coisas assim. Ter que empurrar o carro e sujar meu uniforme todo de lama era até frequente. Eu já não tinha mais desculpas para dar aos professores, e eles meio que me deixavam em paz porque tirava boas notas.

    No colégio, sempre fui dessas crianças que estão um pouco atrás do seu tempo. Na verdade eu não queria muito crescer. Enquanto a mulherada desejava usar sutiã e ficar menstruada, eu ainda brincava e corria pelo pátio; quando elas começaram a gostar dos meninos e queriam lhes chamar a atenção, eu ainda estava bolando um plano infalível para ferrar com todos eles; enquanto elas queriam trocar adesivos, papéis de carta e colecionar coisas, eu organizava corridas pelos corredores das salas, usando as carteiras, antes de os professores entrarem. Sempre achei que os meninos se divertiam muito mais e odiava o fato de, às vezes, ser proibida de fazer parte da turma deles. Converse com qualquer menina que só tem irmãos (homens) e ela provavelmente lhe dirá o mesmo. Eu convencia as pessoas a fazer todo tipo de coisas, principalmente se o objetivo final fosse muita risada e diversão. Tipo ser carregada por dois meninos e passar pelas janelinhas superiores do corredor do colégio como se estivesse nadando e, assim, fazer todos os alunos caírem na gargalhada. Tudo muito saudável, mesmo que eu fosse parar na mesa do coordenador frequentemente.

Creio que, por sofrer com certa falta de atenção dos meus pais, que não davam conta nem de suas próprias vidas, sempre tive uma necessidade enorme de me destacar de alguma forma: fazendo as pessoas rirem, tirando a melhor nota, dançando freneticamente, atuando, o que fosse necessário. Eu era do tipo que chegava a algum lugar e as pessoas diziam: "Oba, a Alana chegou. Agora vai ficar divertido!". Não preciso nem mencionar quanta energia sempre gastei para ser a boba da corte do mundo, mesmo quando não estava a fim, mas o show não podia parar. Como era extremamente carente, os aplausos me faziam sentir um pouco melhor. Achava que, para meus pais prestarem atenção em mim, deveria ficar muito conhecida por alguma grande conquista, embora não soubesse qual.

Também me tornei uma pessoa bastante egoísta, não no sentido de dar ou emprestar coisas, mas de só pensar em mim mesma. Claro, lá em casa era meio cada um por si e Deus por todos. A gente teve que se virar desde pequenos; não tivemos o exemplo do altruísmo. Beleza, dinheiro e poder. Esses eram os valores dos meus avós, antes de meus pais começarem a trilhar um novo caminho para nossa família. Por consequência, eu também era vaidosa, arrogante, inflexível, julgadora e uma série de outras características negativas. Tudo compreensível, mas nada justificável. Só a vida poderia me corrigir.

A gente também tinha uma casa na praia, num lugar que sempre adoramos. Era meio longe de qualquer cidade grande, mas de frente para o mar. Ou seja, nada melhor. Lá havia vizinhos da mesma idade com quem podíamos brincar, e nem precisávamos de telefone. A gente nadava, corria, escalava árvores, velejava, surfava, fazia trilhas, andava de bicicleta, tudo o que você possa imaginar. Ficávamos nessa casa de dezembro a março, e, mesmo que ainda tivéssemos que achar desculpas para explicar as festas louquíssimas e as barulhentas sessões de meditação gritadas lá em casa, ainda nos sentíamos mais sociais e normais durante esse tempo.

De qualquer forma, tenho ótimas memórias da minha infância e adolescência. Penso, às vezes, em como seria bom voltar no tempo e ser criança novamente. Por isso acho que era feliz, apesar de me sentir bem diferente das outras crianças. Fazia parte desse pacote uma rotina de brigas ferozes com o meu irmão mais velho e, claro, a insegurança normal que se faz presente na vida de qualquer adolescente.

Sei que esse ambiente parece bem estranho para criar filhos. Sei que meus pais provavelmente não passariam no "teste de normalidade" se um dia resolvessem adotar uma criança, mas a verdade é que eles realmente focaram a vida no que importa: autoconhecimento.

Hoje em dia, meu pai é um homem que vive em paz, se comparado com a grande maioria. Também sempre foi um dos melhores médicos do Sul do Brasil, especialmente depois de fazer residência nos Estados Unidos, onde a medicina é mais avançada (e por esse motivo nasci lá). Ele é o tipo de médico que se preocupa com o paciente, não com a doença. De modo geral, um homem muito à frente do seu tempo; um cara que tem pensamentos muito elevados, às vezes até além de sua própria compreensão. Eu o vejo como um homem de coração, um coração livre e selvagem. Na verdade ele é amado por todos apenas por ser como é. No entanto, enfrenta certa dificuldade em misturar o mundo espiritual em que vive com as coisas mundanas, como pagar contas em dia e mandar consertar os carros.

Minha mãe, ironicamente, hoje é psicoterapeuta. Ninguém melhor do que uma ex-neurótica para entender a neurose dos outros. A vida dela certamente renderia um Oscar. Ela é a definição do que chamam de "personalidade forte": mandona, decidida, cheia de opiniões, sabe o que quer e como quer tudo. Ao mesmo tempo, por ter vivido tantas coisas, reconhece seus defeitos nos outros e, portanto, os compreende em vez de julgá-los. Além de ter lido mais livros do que possa caber em qualquer biblioteca de categoria, também é uma rocha de mulher, uma das pessoas mais fortes que conheço. Ao longo de sua vida, após muitas metamorfoses, ela se tornou para mim a garantia de que tudo ficaria bem. Meu sentimento em relação a minha mãe é o de que, independente do tipo de confusão em que eu me meta e em que parte do mundo esteja perdida, ela sempre estará pronta para me resgatar. Pronta, por exemplo, para pegar o avião nos próximos trinta minutos e me encontrar em Marrakesh por qualquer motivo plausível. Foi essa certeza que me deu coragem suficiente para desbravar o mundo e ir a fundo dentro de mim mesma. Eu sabia que podia contar com ela em absolutamente qualquer circunstância e lhe sou eternamente grata por isso.

Alana Trauczynski

Quando eu tinha aproximadamente sete anos, vivemos momentos turbulentos causados pela separação de meus pais. Isso marcou o fim de uma era. Nem vou me aprofundar muito nesse assunto porque a história é a mesma para todas as famílias: tudo é muito dolorido, confuso, emocional e difícil para todos os envolvidos. Como se isso não bastasse, outro personagem entrou em nossa vida: meu padrasto. E ele não foi nada bem-vindo. Meus irmãos e eu lhe aterrorizávamos a vida, organizávamos complôs cruéis e nos cumprimentávamos cada vez que alguém fazia qualquer coisa bem maldosa contra ele. Mas a verdade é que esse cara trouxe certa paz e serenidade para a nossa casa. Depois dele, a vida não era mais uma montanha-russa desastrosa de emoções. A gente chegava à escola no horário, os carros funcionavam, mais árvores foram plantadas e mais flores desabrocharam. Hoje, eu e meus irmãos concordamos que a separação de nossos pais foi uma bênção (uma daquelas maldições que se transformam em bênçãos). Os dois eram intensos demais para ficarem juntos.

Meu pai passou uma fase de namorar uma mulher diferente por mês, depois engatou alguns namoros longos, e um novo casamento. Nada oficial, nem no papel nem na igreja, mas moram juntos até hoje, e é o que vale. Eu ganhei uma irmã, com quem infelizmente nunca tive muito contato por causa das circunstâncias. Também ganhei mais um irmão, fruto desse último casamento. Os dois são uns queridos; espero que um dia possamos ser mais próximos. Olho para eles e vejo diversas características de personalidade parecidas, o que é muito engraçado, porque nunca vivemos juntos. Meu padrasto também tem dois filhos, e minha madrasta, três. Quando todo mundo se reúne, você pode imaginar o pandemônio.

Recalculando a rota

Outro fator primordial sempre esteve presente no ambiente em que cresci: amor. Os laços que nos atavam eram de amor verdadeiro. Não interesse, conveniência ou circunstância. A gente era abraçado, beijado, alimentado e colocado pra dormir com muito amor, e não há nada que possa sair muito errado disto: verdade e amor. Se olharmos assim... Que maneira maravilhosa de se criarem os filhos, não?

Racionalmente, a situação toda sempre foi bem-resolvida entre mim e meus pais; compreendo seus motivos. Mas emocionalmente há um emaranhado de coisas que dão muito trabalho para desemaranhar. Pode levar uma vida... Ou muitas.

De qualquer forma, eu diria que durante todo esse tempo, de quando nasci até os 17 anos, passei pela vida muito mais do que vivi. Tudo era simplesmente uma sequência de acontecimentos, rituais, loucuras emocionais, deveres, funções, como um video game que você fica jogando e reagindo às coisas que aparecem na tela: cheio de monstros, precipícios, espinhos, espadas e mistérios. Resumia-se a acordar de manhã e ir dormir à noite sem propósito. Eu não sabia o que mais existia no mundo para ser vivenciado. Quando você não sabe, é muito fácil viver assim. Até muito prazeroso. A ignorância pode ser uma bênção. Algumas pessoas tentam viver a vida inteira dessa forma, mas, em algum momento, alguma coisa dentro larga um grito abafadamente desesperado: "Eu quero mais, eu quero mais! Eu quero viver e não passar pela vida! Eu quero ser".

Ser ou não ser; eis a questão.
Shakespeare

Pelo menos foi isso o que aconteceu comigo. E minha resposta à pergunta de Shakespeare estava finalmente clara no meu coração: eu queria ser. O que isso significa, exatamente? Até hoje desconheço a resposta exata, mas sei que é um caminho sem volta e, por isso, às vezes gostaria de retornar àquela época em que podia ser feliz pela ignorância, simplesmente por não saber. Mas, mesmo que voltasse, não duraria muito tempo, porque esse grito vem bem lá das profundezas, com uma força de tanta intensidade que ignorá-la, para mim, seria a morte.

Até então, eu apenas sentia que as coisas tinham que mudar. Meu primeiro impulso foi dizer: "Eu preciso conhecer o mundo! Existe uma infinidade de coisas lá fora sobre as quais não sei nada. Não vi, não vivi, não tive a experiência".

E de repente, assim, sem mais nem menos, senti uma necessidade incontrolável de simplesmente dar o fora!

ROTA 2

Buscar respostas no mundo

Québec,
Canadá Ser diferente é bom

A Via Láctea
LEGIÃO URBANA

Quando tudo está perdido
Sempre existe uma luz

Quando tudo está perdido
Sempre existe um caminho

Quando tudo está perdido
Eu me sinto tão sozinho

Quando tudo está perdido
Não quero mais ser quem eu sou.

Conhecer o mundo foi uma das coisas que mudaram para sempre minha maneira de ver a vida. Abriu meus olhos para realidades completamente diferentes e ampliou meus horizontes em diversos aspectos. Recomendo para todos. Cada lugar tem uma forma única de pensar: cultura, valores, deuses, hábitos, temperos, condicionamentos, tudo distinto. O mundo de muita gente pode cair por terra ao perceber que norteou sua vida baseando-se em valores que só são importantes em um cantinho minúsculo do planeta. Além disso, é estranho e surpreendente dar-se conta de que, quando se cai no mundo, você vira um zé-ninguém. A família à qual você pertence não quer dizer muita coisa, a não ser que seja filho do Bill Gates ou alguém do gênero. Senão, você só pode contar com a sua capacidade de conquistar novos amigos. Todo o seu patrimônio passa a ser aquilo que está dentro de você.

É necessário algum tempo em determinado lugar para conhecer de verdade uma nova cultura; eu diria que pelo menos três meses. Também é preciso relacionar-se com os nativos e jogar-se de cabeça em cada nova oportunidade de ampliar conhecimentos. Não é a mesma coisa que fazer turismo, o que também é ótimo, mas não lhe dá uma noção real do lugar e da vida das pessoas ali, do que pensam, do que valorizam ou de como agem.

Minha primeira experiência com viagens ocorreu quando tinha 17 anos, em um programa de intercâmbio. Era exatamente disso que eu precisava como marinheira de primeira viagem: algo confortável e seguro. Escolhi cinco países onde gostaria de estudar, em ordem de preferência. Acho que a minha primeira opção era a Austrália, seguida do Canadá, já que eu arranhava bem o inglês.

. . .

– Oi, Alana. Aqui é o Hélio, do AFS. Uma família canadense leu o seu perfil e quer recebê-la, ok?
– Sério? Que ótimo. E de que estado eles são?
– Québec!
– Québec? Não se fala francês lá?
– Sim, francês!
– Meu, eu não falo uma palavra em francês, além de *merci*.
– Sem problemas. Assim vais aprender uma nova língua. Tudo certo, então. Viajas em agosto. Boa sorte!

Um homem precisa viajar. Por sua conta, não por meio de histórias, imagens, livros ou TV. Precisa via-

Recalculando a rota

jar por si, com seus olhos e pés, para entender o que é seu. Para um dia plantar as suas próprias árvores e dar-lhes valor. Conhecer o frio para desfrutar o calor. E o oposto. Sentir a distância e o desabrigo para estar bem sob o próprio teto. Um homem precisa viajar para lugares que não conhece para quebrar essa arrogância que nos faz ver o mundo como o imaginamos, e não simplesmente como é ou pode ser. Que nos faz professores e doutores do que não vimos, quando deveríamos ser alunos, e simplesmente ir e ver.

Amyr Klink

Dois meses depois eu estava chegando sozinha a um país estranho, onde não conhecia ninguém. Nesse dia, já sabia em torno de 25 palavras na nova língua. Tudo resolvido! Saí atrasada do avião em Montreal, mas havia alguém lá esperando por mim. Não era uma pessoa da minha futura família, mas uma mulher que fazia parte do programa de intercâmbio. Ela disse que eu passaria a noite em sua casa e pegaria o ônibus no dia seguinte para Jonquière, minha nova cidade. A única coisa de que me lembro daquela noite se refere ao pensamento de quão era bizarro dormir no porão de uma estranha no outro lado do mundo. Lugar escuro, com muitos móveis de madeira e tralhas. O sentimento era um misto de medo e excitação.

No outro dia, apaixonei-me pelas panquecas com *maple syrup* que a mulher fez no café da manhã. Também observei as árvores, lotadas de folhas, aquelas que são o símbolo da bandeira do Canadá, espalhadas por todos os lados, assim como os pinheiros e plátanos. Lembro-me de ser inundada por tanta felicidade que as lágrimas vinham aos meus olhos, mas eu não ousava chorar porque não queria fechá-los nem por um segundo! Não queria perder nadinha do novo mundo que acabara de descobrir.

. . .

– *Voilá!* – disse o motorista. – *On est arrivé!* (Chegamos).
– O quê? Estamos no meio do nada. (*Ele só pode estar zoando com a minha cara*, pensei.) – Então a porta do ônibus abriu e vi um bando de gente saindo da estação, sorrindo pra mim, dando gargalhadas e falando alto.
– Alanáááá???? (a última sílaba é geralmente a mais forte em todo nome francês).
– *Oui* – eu disse.
– *Comment ça va? As-tu faim? Qu'est-ce que tu veux faire cet après-midi?*
– Huh. *Je... ne parle... pas... français.* (Eu não falo francês.)

. . .

De fato impressiona como é fácil nos sentirmos estúpidos quando estamos em outro país. As coisas não funcionam como estamos acostumados, a vida fica imprevisível. Essa é a sensação de que muitas pessoas não gostam. A gente fica inseguro, e nem poderia ser diferente.

As pessoas não paravam de falar, e eu não entendia coisa alguma. Era um sentimento horrível estar rodeada de gente dirigindo-se a mim, olhando-me nos olhos, e eu incapaz de responder. Era quase como ser surda, porque nenhuma palavra fazia sentido. Quando eu tentava responder ou dizer que não estava entendendo, eles começavam a olhar ao redor perguntando-se: "O que será que ela está falando?".

Senti vontade de chorar e de pegar o próximo avião de volta para casa. Desesperada e sem esperança. *Nunca vou aprender essa língua maldita*, pensei, *eles falam rápido demais!*

Então começaram os choques culturais. Em estado de imersão, cometi todos os erros e gafes possíveis. Comecei a pensar seriamente que tinha problemas mentais até então ainda não descobertos. *Como posso um dia ter pensado ser inteligente?*

As gafes eram infindáveis:

1. Entrei na casa a passos largos, calçando meus sapatos, é claro. Todos arregalaram os olhos em minha direção, como se eu tivesse acabado de assassinar o presidente.
   Obs.: tire os sapatos ao entrar nas casas quando estiver no Canadá.
2. Bebi a água de um vaso. Assim que entrei, vieram com um copão de vidro transparente, cheio de água. Achei que era costume.
   Obs.: alguém deve ter lhe dado flores. Procure-as.
3. No jantar, achei a comida nojenta e não comi nada.
   Obs.: se não gostar da comida, empurre um pouco e diga que não está com a mínima fome. Mas, depois disso, não ataque um pacote inteiro de biscoitos.
4. Tomei banho de banheira depois de a terem usado para dar banho no cachorro. Questionei minha visita à depilação antes de viajar, até que me dei conta de que todos aqueles pelos não eram meus.

Obs.: não tome banho de banheira em uma casa de família quando estiver no Canadá. Principalmente se eles tiverem um cachorro.
5. Tinha medo de descer até o porão. Por que todo mundo tem um porão por aqui? Será que eles são assassinos profissionais de intercambistas?
Obs.: quase todas as casas têm um porão por lá.
6. Saí beijando e abraçando todos ao cumprimentá-los, no melhor estilo "brasileira simpática".
Obs.: apertos de mão são indicados. Os atos de abraçar e beijar são considerados "invasão do espaço pessoal".
7. Não sabia como trancar a porta do banheiro. No Brasil, ainda se usavam chaves e não só uma maçaneta cheia de truques.
Obs.: na primeira vez que alguém o pegar fazendo cocô, pergunte como se tranca a maldita porta.
8. Não sabia como usar aparelhos domésticos elétricos que não existem no Brasil.
Obs.: não tente fingir que sabe o que está fazendo. Eventualmente você irá se cortar, levar um choque ou estragar o brinquedinho.

A casa se assemelhava a um caixotinho típico pré-moldado de tijolo à vista. Tudo era *fake*, ou seja, parecia madeira, mas não era; parecia tijolo, mas não era. Meu quarto ficava no andar de baixo, com vista para a casa do vizinho. A cozinha era bagunçada, e a sala de TV ainda mais, nada parecido com as casas arrumadíssimas a que eu estava acostumada a frequentar. Na rua onde morei, todas as casas pareciam iguais; umas maiores, outras menores, nenhuma com portões altos, seguranças, cachorros, nada disso. Era quase como se o vizinho fosse uma extensão do seu próprio jardim.

Recalculando a rota

No primeiro mês, eu dormia em quase todas as aulas, com exceção de Matemática, Química e Física, que são praticamente a mesma coisa em todo lugar, e por isso eu entendia algo. Em todas as demais matérias me sentia como se estivesse vendo TV em uma língua que eu não falava. As pessoas não queriam muito papo comigo porque, se fosse o caso, teriam que optar por praticar o seu inglês de merda ou fazer esforços sobrenaturais para entender o meu péssimo francês. Eu atraía olhares curiosos e sedentos por comunicação, mas nenhum dos alunos se aproximava. Sentia-me a mais nova extraterrestre na cidade.

Minha família hospedeira era bem legal, com mãe, pai, irmãzinha e irmão mais velho. Mas eram um pouco exigentes demais. Ousar falar inglês com eles se transformava em uma grande ofensa. Eles me enchiam o saco porque eu não comia muito. Nunca era o suficiente para lhes agradar, para mostrar que havia gostado da refeição. Diziam que eu comia como passarinho.

. . .

— Então, Alaná, você está pronta para começar a cozinhar? Nesta casa todo mundo cozinha o jantar uma vez por semana.

— Sério? Hmmm... Tudo bem, acho. Quer dizer, na verdade eu não sei cozinhar muito bem.

— Você já cozinhou alguma vez na sua casa?

— Claro. Sei fazer algumas coisas. (Estava pensando em brigadeiro, pudim de caixinha, gelatina, pizza...)

— Ótimo! Temos um monte de receitas gostosas naquele livro ali. Você começa na semana que vem, ok?

— Ok! Que divertido!

Alana Trauczynski

. . .

Não foi nem um pouco divertido. O livro de receitas também estava em francês, e, portanto, tive que fazer uma ligação internacional desesperada para minha mãe, rodeada de panelas e comidas, e perguntar as coisas mais básicas do mundo, do tipo como cozinhar batatas, fazer arroz, fritar ou cozinhar um ovo.

Foi difícil no começo, mas até hoje sou muito grata a eles por me colocarem naquela situação. Tive que aprender; não havia opção. Além disso, tudo me foi extremamente útil mais tarde, ou teria passado minha época de faculdade movida a bolachas e salgadinhos. Logo eu já sabia fazer vários pratos certeiros e garantidos, e vi que até levava jeito pra coisa, era só querer.

Eu cheguei ao Canadá no começo de agosto, portanto, ainda no verão, e a temperatura não era muito diferente daquela com a qual eu estava acostumada. No entanto, o resto do ano foi marcado por centenas de "primeiras vezes". Sou extremamente fascinada pelo modo como, em alguns países, tudo muda completamente a cada estação: a temperatura, a paisagem, os hábitos, as comidas, tudo. É como se mudar para um lugar diferente a cada quatro meses.

Assim, era emocionante olhar para as florestas e ver todos aqueles tons diferentes de verde, marrom, amarelo, laranja e vermelho. As folhas ficavam vermelhas mesmo, e eu nem sabia que isso era possível. Lembro-me de me sentar nas pedras à beira de um lago por muito tempo e assistir ao sol se pôr com aquele tom de laranja que faz todo mundo parecer iluminado. As fotos ficavam maravilhosas! Um vento friozinho começou a soprar para dar uma ideia do que estava por vir.

As árvores perdiam suas folhas, que revestiam as laterais das ruas, transformando o mundo em um grande mosaico de cores ocres.

Nesse período, eu estava começando a ficar louca de tanto falar francês. Meu cérebro ficava ocupado 24 horas por dia, sete dias por semana. Eu precisava absorver um mundo completamente novo em uma língua diferente. Tinha pesadelos, sentia-me nervosa e ansiosa. Às vezes achava que já estava entendendo; às vezes achava que não sabia nada.

Um dia, disseram-nos que havia outra brasileira morando em uma cidade próxima. Meu pai hospedeiro, depois de constatar meu desespero quando a mencionaram, decidiu me levar para uma visita, para que eu pudesse novamente me sentir normal e compreender tudo o que uma pessoa estivesse falando. Era meu sonho no momento, então adorei a ideia. Foi maravilhoso passar algumas horas batendo papo em português sobre assuntos irrelevantes e aleatórios, sem ter que fazer esforços sobre-humanos. Nunca pensei que uma coisa tão simples pudesse ser tão relaxante. Acabamos nos tornando grandes amigas, e ela começou a ser meu "plano de fuga" quando as coisas ficaram insuportáveis.

Vivemos o nosso primeiro Halloween juntas. Um Halloween de verdade, como nunca poderíamos ter imaginado. Divertido demais nos maquiar com as crianças e, fantasiadas, sair andando pelas ruas escuras como se fosse uma grande aventura. As casas estavam todas enfeitadas e iluminadas com adereços estranhíssimos. Nunca foi tão divertido ganhar alguns quilos de tanto comer porcarias.

Já que mencionei comida, depois de uns dois meses, minha família hospedeira já não ria de mim por comer pouco.

Toda a ansiedade característica de uma adolescente vivendo no exterior fez meu apetite decolar. Comecei a ingerir montanhas gigantescas de comida como uma morta de fome. Tinha gavetas secretas no meu quarto para "emergências", nas quais havia todas as bolachas, marshmallows, chocolates e balas imagináveis. Saber da existência de tanto doce já melhorava meu estado de espírito.

Meu francês finalmente começou a progredir, e com isso conquistei alguns amigos. Eu me tornei conhecida como a estrangeira que fazia todo mundo rir. "Ela fala um monte de palavrão", diziam. E falar palavrão realmente foi a primeira coisa que aprendi. Fazia com que me sentisse melhor, quando nada mais funcionava.

Todo o resto também ia bem. Ainda estava me adaptando às mudanças, sentindo as diferenças, mas muito empolgada com tudo e feliz por estar vivendo coisas tão incríveis.

. . .

Então, aquele vento friozinho começou a ficar bem mais gelado. As árvores agora tinham virado emaranhados de galhos pelados e aterrorizantes. Se voltar para o Brasil antes da hora fosse uma opção a ser considerada, este seria o momento certo: antes do inverno.

Meu francês já estava praticamente fluente. Eu ainda falava muito errado, mas já conseguia me comunicar bem e entender quase tudo. Esta é a diferença de estar imerso em uma cultura: não há opção. Ou você aprende ou desiste. Além disso, eu tinha de ser aprovada em todas as matérias, pois elas valeriam para a minha formatura no Brasil.

Recalculando a rota

A temperatura começou a atingir níveis jamais vivenciados por mim. Um dia, do nada, uma coisa que há tempos eu vinha esperando finalmente aconteceu: vi a neve pela primeira vez! Lembro-me disso como se fosse ontem. Estava na escola e, durante o intervalo, olhei para fora e lá estavam eles: os mais lindos e perfeitos flocos de neve! Peguei meu casaco, corri em direção ao pátio e passei o resto do dia olhando para cima e brincando como uma criança embaixo do céu branco, sentindo a frescura do ar e olhando o mundo como se tivesse nascido novamente.

No entanto, poucas semanas depois, a cidade estava enterrada em metros e metros do que para mim parecia cobertura de bolo, como se Deus tivesse derramado chantili no mundo. Com a neve, vieram todos os esportes de inverno. Minha família e eu nos divertíamos muito descendo de trenó as montanhas nevadas, esquiando, praticando *snowboard*, fazendo guerras de bolas de neve, andando de patins no gelo, construindo bonecos, andando de *snowmobiles* (um *jet ski* da neve) e um monte de outras coisas. Tudo era incrivelmente belo. Lembro-me de andar à noite pelas ruas, com botas gigantes, vendo a neve brilhar como poeira de diamantes refletindo a lua, enquanto eu afundava os pés e me sentia extremamente feliz pelo simples fato de estar viva naquele momento. Sem mencionar todas as incríveis decorações de Natal transformando cada casa em um lugar mágico, o que tirava minha concentração e me arrancava suspiros: chalezinhos fofos cobertos de neve, estalactites de gelo penduradas nas beiradas, muito vermelho, verde e luzes sem fim. Tudo meio surreal para mim, já que no Brasil o Natal se dá em pleno verão, e o meu Papai Noel chegava de lancha.

Naquela ocasião, passei o Natal em uma estação de esqui muito linda. Todos alegres com suas famílias, e eu estava atônita no meio de um monte de estranhos. Minha família canadense alugou um chalé e conseguiu juntar todos os tios, avós, primas, netos, bisnetos, cunhados e afilhados espalhados pelo país. Por sorte eu já mandava bem no francês nessa época, senão teria pirado. Todo mundo falava ao mesmo tempo, entre berros e gargalhadas, comendo e bebendo como em toda boa família feliz. Tudo ia bem até que comecei a pensar que poderia estar de frente para o mar, divertindo-me com a minha família, em vez de andar perdida entre um bando de loucos que nem sequer sabiam quem eu era. Mas na verdade eles eram todos muito legais, ainda que uma depressão de Natal tenha me pegado em cheio. Comecei a me sentir sozinha, triste e miserável, tendo que fingir que estava tudo bem. Lembro-me de ter saído escondida para encontrar um orelhão e ligar para minha família. Quando falei com eles, fingi que estava tudo ótimo, mas, assim que desliguei, me sentei no chão cheio de neve e chorei desesperadamente por horas, morrendo de frio em um telefone ao ar livre. *Faz parte*, pensei.

Já no Ano-Novo foi diferente. Passei a virada com minha amiga brasileira em uma megafesta em um bar, entre infindáveis rodadas de tequila, fazendo novos amigos bêbados enquanto tentava me equilibrar na pista de dança. Comecei o ano com uma baita ressaca.

. . .

Com a virada do ano vieram temperaturas ainda mais baixas. Não era mais tão divertido. Os termômetros chegavam a 42 °C negativos, e a coisa ficava ainda pior se fosse considerado o "fator vento", como eles dizem. Sair de casa havia se tornado uma verdadeira maratona: precisava de pelo menos dois pares de meias, botas impermeáveis, a calça que vestia seguida de uma calça impermeável, duas ou três camisas e blusas cobertas por um casaco gigante com capuz. Quando saía, aquela aguinha de dentro dos olhos muitas vezes congelava, fazendo-me piscar e assim grudando minhas pálpebras, impossibilitando a visão. Nada engraçado. O frio é tão horrível que eles inventaram uma palavra especial para descrevê-lo. Em francês, a palavra *froid* quer dizer frio. Em Québec, quando está frio desse jeito, eles dizem *frette*, que significa: frio pra caralho! Aí vai um bom conselho: se você alguma vez visitar o Canadá e eles usarem essa palavra, não saia na rua. Mas, claro, eu tive que aprender da maneira mais difícil.

Todas as manhãs, antes da aula, a temperatura e as condições da neve eram reportadas pelas estações de rádio para que os alunos não fossem à escola em caso de situações extremas. Muitas vezes nevava tanto que as portas das escolas ficavam soterradas, impossibilitando a entrada dos alunos. As aulas não começavam até que a neve parasse e fosse possível escavá-la para abrir caminho, mas é claro que brasileiras desavisadas geralmente não sabem esse tipo de coisa. E quem disse que eu ouvia rádio de manhã?

Como sempre, foi um sacrifício levantar-me da cama. Ainda estava escuro, o vento assobiava por entre as frestas do porão, mas eu já estava acostumada. Arrastei meu próprio corpo até o banheiro, lavei o rosto, comi um prato de cereal e olhei para fora: tudo parecia normal, como em qualquer outro dia *frette*. Comecei a maratona para me vestir e caminhei mecanicamente em direção à escola. Eu morava a menos de dois quilômetros e, portanto, era uma das poucas alunas que não pegavam o ônibus escolar.

Alana Trauczynski

Percebi que o vento estava meio forte e as casas todas soterradas em metros e metros de neve. Tudo parecia muito calmo, mais do que de costume: quase nenhum carro, quase ninguém na rua. Na metade do caminho, começou a nevar. Não aquela neve linda e calma dos contos de fadas, mas uma baita tempestade. E eu bem no meio dela. Putz! Tinha tanta neve que pensei que estaria coberta em minutos e ninguém nunca encontraria o meu corpo. Além disso, não conseguia ver absolutamente nada; tudo virou um imenso quadro branco, sem diferenciação de cores: não via a rua, nem carros nem as montanhas que me guiavam. Por um momento, realmente pensei que ia morrer. E estava perdida. Mesmo achando que conhecia de olhos fechados o caminho da escola, dessa vez não conseguia mantê-los abertos nem que quisesse. Meu coração começou a bater acelerado e me desesperei. Não sabia sequer em que direção continuar: se estava mais perto de casa ou da escola. Minha intuição dizia que eu estava mais perto da escola e me mantive determinada a chegar lá. E finalmente consegui. Não imaginava que encontraria o lugar deserto, sem uma alma viva pairando pelos pátios. As portas tinham sido bloqueadas pela neve, e eu fui a única aluna que marcou presença naquele dia. Estava sozinha em um enorme pátio branco durante uma tempestade de neve. Sobrevivi para contar esta história e, a partir de então, comecei a escutar o rádio todas as manhãs.

. . .

Um passeio de trenó se torna obrigatório para quem é louco o suficiente para viajar ao Canadá durante o inverno. Ser puxado por lindos huskies siberianos até um chalé na floresta, onde um fondue fumegante o aguarda. Simplesmente inesquecível. Eu e todos os outros intercambistas do pedaço fomos convidados para participar desse maravilhoso pernoite nas montanhas. Viajamos em um trenó para cada duas pessoas, cada qual puxado por seis cachorros, com banquinhos confortáveis e cobertores. Tudo parecia surreal... Um trenó deslizando entre pinheiros em um lindo dia ensolarado de inverno, eu sendo cegada pelo brilho da neve e sorrindo loucamente durante todo o percurso. Estávamos todos em estado de graça, andando sobre gigantescos lagos congelados e trilhas. Quando chegamos ao chalé, o fogo estalava alto e barulhento na lareira e as garrafas de vinho estavam abertas e prontas para o consumo.

Não soa magnífico tudo isso? Um sonho. Divertimo-nos muito ao redor da mesa, comendo um monte e bebendo ainda mais. O papo foi ficando descontraído, as gargalhadas altas, os rostos rosados. Então alguém teve a brilhante ideia de sairmos todos para explorar o lugar. "Deve ser tão bonito à noite!", alguém falou.

A lua estava alta e brilhante, o céu bem claro. Decidimos subir uma pequena montanha coberta de neve. Lembro-me de ter levado o gravador de voz, que eu usava para gravar as besteiras faladas nesses momentos, para depois morrer de rir ao escutar o resultado. Imaginem um monte de adolescentes meio bêbados falando besteiras ao luar. Não tem preço. Mas estava tão frio que a fita congelou depois de alguns minutos e parou. Nós não sentíamos nada, devido à lombeira e aos calorões causados pelo álcool. Estávamos pisando na neve fofa e funda, que passava dos joelhos. Periodicamente alguém levava um tombo e todo mundo dava risada. Só me dei conta do quanto tudo fora divertido quando voltamos

Alana Trauczynski

para o chalé e alguém olhou para o meu pé e disse: "Alana, onde está a sua bota do pé esquerdo?". Olhei e vi que, sabe-se lá por quanto tempo, estava me arrastando em neve fofa pelo joelho usando somente minhas meias! "Meeeeeeeu, melhor eu ir pra cama... Acho que bebi demais!" As pessoas riram freneticamente por muito tempo, e eu capotei logo na sequência...

. . .

    Chegou um ponto em que a temperatura teve que aumentar sem demora, para impedir que todos os seres vivos daquele lugar ficassem loucos. A questão era séria. Começou uma pira coletiva na galera, como um grito abafado de alforria contra um inverno tão longo, escuro e frio. Muita vontade de sair na rua sem dez quilos de casacos; ninguém aguentava mais. Era hora de respirar ar fresco novamente, abrir as portas, sentir o calorzinho do sol, olhar a vida. Também era hora de me dar conta de que agora, além dos quilos de casacos, havia dez outros quilos inexplicavelmente espalhados por meu corpo. De onde vieram? A "gaveta secreta" estava completamente vazia, e eu só podia contar comigo mesma para controlar toda aquela ansiedade e aquele desejo por comidas ultracalóricas que trouxessem algum conforto. Que inferno!
    Ao contrário do hemisfério Sul, a primavera no hemisfério Norte não é tão agradável. Primeiro porque, ao desaparecerem as roupas, apareceram partes do meu corpo que eu não estava preparada para ver. Não queria confirmar o fato de que tinha virado uma baleia beluga, gorda e branca. Segundo porque toda aquela neve imaculada e brilhante agora tinha virado

uma pasta marrom nojenta que se espalhava por toda parte e grudava nos sapatos, além de destruir a paisagem. Uma leve depressão me tomou, acompanhada por uma inexplicável saudade de casa. Tudo isso me levou decadentemente ladeira abaixo, abrindo caminho para outras "primeiras vezes" nem tão positivas na minha vida: a primeira vez que fumei um cigarro... que começou a ser um "de vez em quando" cada vez mais frequente, especialmente quando se seguiam algumas cervejas com os amigos. Meu primeiro namorado também foi parte desse pacote, o que deveria ter sido uma coisa boa, não fosse pelo fato de que logo descobri que ele era um daqueles caras conhecidos por viverem o tempo todo chapados. Ele sempre tinha maconha ou sabia quem tinha. Ou seja, era um bom informante, pra não dizer traficante. Mas era bem legal, um desses caras superengraçados e queridos, com um coração de ouro, embora com fama de *bad boy* por não se preocupar com o que os outros pensavam. O único problema era que realmente estava chapado em tempo integral, a ponto de às vezes se tornar chato e não conseguir acompanhar meu raciocínio. É claro que minha família hospedeira o detestava. Minha mãe dizia que ele tinha "olhos de louco", pois estavam sempre vermelhos e semifechados. Nem preciso dizer que eu também fumei maconha pela primeira vez e acabei incorporando o hábito, ainda que de maneira esporádica, o que era expressamente proibido pelo programa de intercâmbio. Se eles ficassem sabendo de alguma coisa, eu seria enviada de volta para casa na hora, sem perguntas. Sabia que não podia fazer o que estava fazendo, mas também não perdia tempo me preocupando com isso.

– Sim, sim. Aqui é o pai hospedeiro de Alana, sim! O quê? A polícia? Sim, ela saiu ontem com alguns amigos... Foi a um bar no centro, eu acho. Meu deus! Você tem certeza disso? Ok, claro. Vou falar com ela primeiro... Já estão a caminho? Meu deus! Tudo bem, então. Vou falar com ela e nos vemos em breve. *Bleep*.

(No final dessa conversa, meu rosto já estava vermelho e meus olhos completamente esbugalhados.)

– O que foi isso?

– Alaná, eles estão dizendo que houve uma grande negociação envolvendo drogas no bar a que você foi ontem. A polícia ficou sabendo que existiam estrangeiros no local e que talvez estivessem envolvidos. Eles estão vindo aqui para te interrogar!

– O quê? Meu Deus! Negócio envolvendo drogas? Como assim? Vocês sabem que eu não uso drogas. Não estou envolvida em nada, tá doido? Nunca faria uma coisa dessas; espero que vocês saibam.

Comecei a chorar desesperadamente, já não conseguia nem falar. Bem no fundo eu sabia que algo do gênero era possível. É claro que eu não estava envolvida nem nada disso, mas e se eles tivessem feito algo errado pelas minhas costas? Afinal, eu estava lá com o meu namoradinho maconheiro.

– Claro que a gente sabe, mas a polícia, não. Eles só vão te fazer algumas perguntas. Não há razão para se preocupar!

Nessa hora, já me imaginava algemada e passando a noite na prisão antes de ser mandada de volta para o Brasil no dia seguinte, escoltada por um agente federal. Não conseguia parar de chorar. Minha mãe hospedeira viu a gravidade da situação e o desespero que se instalava em minha face.

– Tá, já chega. A menina vai ter um ataque do coração. Vamos parar com essa loucura!

Os dois olharam pra mim às gargalhadas e gritaram:
— PRIMEIRO DE ABRIL!!!!

Não podia acreditar no que tinha acabado de acontecer. Era tudo uma grande piada. Eu queria matá-los! Ainda levei um tempão para voltar ao normal e parar de chorar. Eles me pegaram em cheio. A coisa toda teve um efeito tão grande no meu estado de espírito que acabei terminando com o tal namorado e colocando minha vida de volta nos eixos.

. . .

É engraçado que, depois de passar um inverno extremo como aquele, o corpo ficava tão acostumado com o frio que já nem sentia nada. No Brasil, quando faz frio pacas, os termômetros marcam entre 5 °C e 10 °C e a gente já congela. No Canadá, quando a temperatura começou a registrar dez graus na rua, eu andava de camiseta abanando-me e dizendo: "Que maravilha!".

Adoro o verão. Sempre digo que sou um pouco movida a sol. Parece que preciso da energia dele para as engrenagens funcionarem. Foi lindo ver as flores, o verde fresco das árvores, os animais saindo da toca, as pessoas fazendo churrasco na rua, tomando cerveja e interagindo mais. Também começaram os festivais de música, as atividades ao ar livre e tudo parecia estar vivo novamente.

Mas o verão do hemisfério Norte, para mim, também era sinal de que a minha aventura logo terminaria. Minha passagem de volta estava marcada para o mês de julho. Aquele ano tinha sido uma experiência absolutamente maravilhosa em muitos níveis. Gerou mudanças profundas. Comecei a pensar na vida de uma forma completamente distinta. Senti-me como um vampiro que experimentou sangue pela primeira vez: peguei o gostinho pela coisa, e queria mais… Muito mais!

Se aquele era somente um lugarzinho minúsculo, no norte de um país congelante, imagine quanto mais do mundo havia para ser experimentado? Uma porta se abriu dentro de mim e eu me senti novamente como uma criança curiosa, excitadíssima com pequenas coisas e ridiculamente ignorante quanto a tantas outras. Eu era agora uma pessoa muito diferente da patricinha loira de cabelos compridos, arrogante e fútil, que valorizava muitas coisas inúteis. Acho que o maior benefício dessa primeira viagem foi perder um pouco da caretice incrustada. E caretice, ao contrário do que muitos pensam, não tem nada a ver com droga. Chamo de caretice o preconceito, a dificuldade de aceitar o que é diferente, o conservadorismo, a opção pelo conhecido, a manutenção do *status quo*. Lá eu comecei a me dar conta de quanto "ser diferente" era bem melhor do que ser igual a todo mundo: mais livre, mais autêntica.

Dizer adeus foi muito difícil e triste. Todas aquelas pessoas, naquele momento tão íntimas e parte do meu cotidiano, agora seriam somente lembradas com muito carinho. Voltaria a vê-las algum dia?

De repente, meu coração foi invadido pelo medo. Medo de perder quem amava. Medo de voltar para um lugar que agora já parecia não ter nada a ver com a nova Alana…

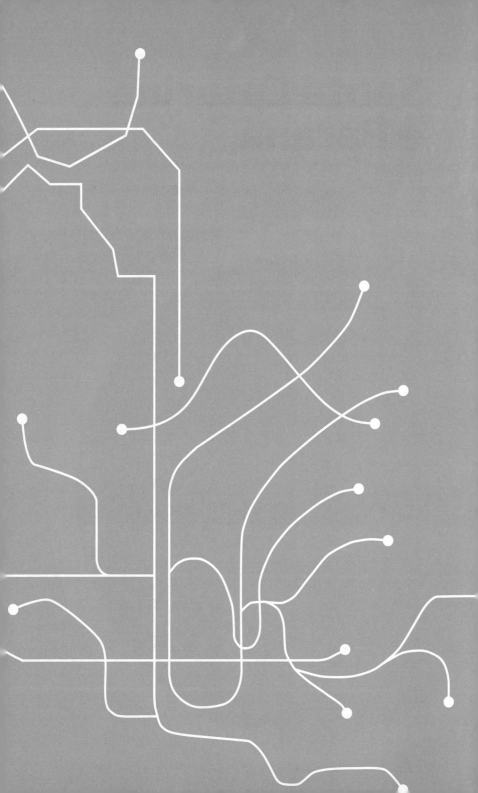

Santa Catarina e Paraná,
Brasil

Os condicionamentos
são um atraso

Como uma onda
LULU SANTOS

Tudo que se vê não é
Igual ao que a gente
Viu há um segundo

Tudo muda o tempo todo
No mundo

Não adianta fugir
Nem mentir pra si mesmo agora
Há tanta vida lá fora
Aqui dentro sempre

De fato, retornar ao Brasil foi dificílimo. A cidade para onde voltei é chamada de "cidade das flores". Na minha opinião, o codinome mais descritivo seria "cidade das dores". Lá, o importante não é quem você é, mas, sim, seu sobrenome, o carro que você dirige, as marcas que usa, sua beleza, seu corpo, o tamanho da sua casa e o dinheiro que tem, obviamente. Lá, você não é somente você: você é o filho de alguém, a sobrinha de outro alguém, o neto de uma grande personalidade, e assim vai. Todo mundo sabe tudo sobre sua vida; é bem impressionante. Parece não haver mais nada a ser feito, além de acompanhar a vida dos outros, já que a sua é um marasmo tão insólito. Eu sabia disso porque também fui criada nesse meio, e assim era exatamente a mesma coisa: a personificação da superficialidade. Talvez após a viagem que havia acabado de fazer eu pelo menos soubesse o quão irrelevante tudo isso era em comparação ao que tinha vivido, mas não fazia ideia de como seria difícil me readaptar.

Alana Trauczynski

Ao sair do avião (depois de ter engordado uns doze quilos no total), minha família ainda me procurava por trás das portas de vidro quando eu já estava parada na frente deles. Lembro-me de vê-los sorrir e olhar para o horizonte através de mim, esperando a Alana que eles conheciam finalmente sair do avião. Tive que levantar minhas mãos para o alto e dizer: "Oiiii, pessoal, estou aqui!". Só consegui prestar atenção na expressão de terror no rosto de todos e já imaginava o que eles estavam pensando: *O que houve com ela?* E nem posso culpá-los. Eu estava parecendo uma miniatura do monstro de marshmallow de *Os Caça-Fantasmas*, com a exceção de que meu rosto não estava branquinho e sorridente, mas, sim, vermelho e cheio de acne. Meus longos cabelos loiros agora estavam curtos e avermelhados; tinha diversos novos piercings espalhados pelo corpo, além de uma tatuagem. Ah, e estava praticamente vestida como uma mendiga. Nada parecida com a patricinha arrumadinha que todos conheciam. A surpresa de todos se justifica porque eu havia parado de mandar fotos com as cartas, já que também vinha me achando horrível.

No dia seguinte fui ver meus amigos com a certeza de que eles me entenderiam e dariam força. Era metade de julho, acho, e estava todo mundo esperando os resultados do vestibular na frente da principal universidade da cidade. Eu tinha perdido meio ano no processo de equivalência e por isso só poderia fazer o teste em dezembro. Quando cheguei lá, parecia que nada mais no mundo importava... já que a Alana estava gorda e feia. Eu fui uma das primeiras pessoas a ter piercing e tatuagens por ali e, portanto, também tinha ficado louca. Quem se importa com o resultado do vestibular se existem coisas tão mais divertidas para comentar? Eu notava todos os olhares em minha direção enquanto andava através da multidão. Os que me conheciam pessoalmente diziam "oi" e me abraçavam, tentando ignorar que mantinham os olhos esbugalhados. Eu via a fofoca espalhar-se e todo mundo olhar para mim com uma cara falsa, sorrindo e felizes porque podiam se sentir um pouco melhor consigo mesmos, já que existia coisa pior do que não passar no vestibular. Por exemplo: engordar doze quilos.

Ninguém, absolutamente ninguém, queria saber como tinha sido minha viagem, o que eu havia aprendido, o que eu havia visto, as pessoas que eu tinha conhecido. Nem mesmo meus amigos mais próximos. Duas perguntas pairavam na mente dos presentes: "Como você virou 'isso'?" e "Como você vai voltar ao normal?".

Era assim que eu interpretava a situação. Todos esses sentimentos eram também meus, então as pessoas estavam apenas refletindo o que eu mesma via no espelho. Se não me identificasse com elas, elas não fariam tanta diferença, não é? Quanto mais eu me criticava e me sentia péssima, mais as pessoas falavam. Tudo isso me transformou em uma pilha de nervos, um poço de raiva, uma máquina de ódio... Uma rebelde sem causa! Eu passava metade dos meus dias chorando e pensando em voltar para o Canadá, porque lá era feliz, aprendia coisas novas e ninguém ligava para minha aparência. A outra metade eu passava criticando tudo e todos: como as pessoas eram superficiais, estúpidas, ignorantes e cruéis.

"Criticamos nos outros o que não gostamos de observar em nós mesmos", dizem os sábios. Portanto... eu estava na merda! Tinha que fugir de mim mesma novamente. Não conseguia lidar com todas aquelas coisas incompreensíveis dentro de mim. Tentei culpar as pessoas ao meu redor: primeiro a minha relação com o meu pai, então com minha mãe e depois com qualquer um que me viesse à cabeça. Eu estava brigando com alguém em tempo integral.

> Para alguém possuído por um corpo de dor pesado, é sempre impossível afastar-se da sua interpretação distorcida, da "história" emocional. Quanto mais emoções negativas estiverem envolvidas nela, mais pesada e impenetrável ela será. E, assim, não é reconhecida como uma fantasia, mas vista como a realidade. Quando uma pessoa se encontra completamente dominada pela agitação dos pensamentos e pelas emoções que os acompanham, distanciar-se disso é algo improvável porque ela sequer sabe que existe uma saída. E, dessa maneira, continua cativa dentro do seu próprio filme ou sonho, prisioneira do seu próprio inferno. Para ela, a realidade é isso, não existe outra possível. E, no seu modo de ver, sua reação também é a única possível.
> **Eckhart Tolle**

Eu achava que tinha valido a pena trocar minha aparência por aquela experiência maravilhosa, mas meus próprios sentimentos eram conflitantes, porque andei demais para o outro lado da balança. De patricinha loira e fútil para revoltada, ruiva e louca. Precisava encontrar um equilíbrio. Sabia que, para mim, naquele momento, só uma coisa funcionaria: dar o fora! Iniciei um padrão de comportamento que sempre funcionou quando eu não sabia lidar comigo mesma.

Recalculando a rota

Já que pelo menos ainda me restava algum senso de responsabilidade e a certeza de que precisava começar um curso universitário, mudei-me para Curitiba, onde havia uma universidade federal distante aproximadamente três horas de carro do lugar em que eu vivia. Nada ali era especial para mim. Gosto de praia, e a cidade fica superlonge de todas elas. Gosto de verão, e a cidade é famosa por ter um dos invernos mais intensos do país. Gosto de gente aberta e amigável, e a cidade é conhecida por ter a população mais antissocial e fresca do Sul do país. Minha desculpa era o fato de que meu irmão mais velho e minha avó moravam lá, mas na verdade eu não queria nada com nada, além de sumir de onde estava, não importando o destino. Lá eu podia andar livremente pelas ruas sem ser reconhecida e não tinha que encolher a barriga 24 horas por dia. Lá eu era uma zé-ninguém novamente e gostava de me sentir desse modo enquanto eu mesma não sabia quem eu era. Pelo menos assim ninguém notaria o quanto estava perdida.

Durante os seis primeiros meses, só o que fiz foi estudar para o maldito vestibular no final do ano. Morava em um apartamento com meu irmão e uma amiga. A gente fazia cursinho de manhã e estudava à tarde. Nos fins de semana saíamos para a balada, tomávamos todas, beijávamos bocas alheias nas boates e fingíamos nos divertir. Eu tive diversos pequenos surtos de depressão durante aquele semestre. Perdi minha identidade (o documento) duas vezes, em menos de três meses. Seria crise?

Uma das mais importantes decisões da minha vida estava se aproximando: prestar vestibular para qual curso? Essa questão ecoava em meus pensamentos diariamente. Como tomar uma decisão tão importante aos 18 anos, quando você não sabe nada sobre si mesma?

Até esse momento, a única grande paixão que eu havia descoberto era viajar. Eu sabia que tinha capacidade para fazer o que quisesse, mas isso tornava tudo pior porque assim me criticava ainda mais. Como assim, você não sabe o que quer da vida? Você sempre conseguiu o que queria. E agora? Quais são os seus objetivos?

As respostas para essas perguntas não surgiam de nenhum lugar. De fato, eu só me sentia mais e mais miserável por não saber. Além disso, minha autoestima estava péssima, sentia-me antissocial e nem um pouco poderosa ou criativa. Passei diversas noites chorando baixinho para não atrapalhar minha companheira de quarto, com o coração doendo profundamente em algum recanto desconhecido. Sentia-me ansiosa, nervosa e estressada, com uma raiva crônica de tudo e de todos. Era muito fácil ter um ataque repentino de choro ou atacar alguém verbalmente sem nenhuma razão. Se esses sintomas lhe soam familiares, estou certa de que você sabe que algo está errado. Não com o mundo inteiro (mesmo que você queira acreditar nisso), mas com você! Se o seu mundo está uma bagunça, procure a explicação dentro de si mesmo. Eu não sabia disso nessa época e consequentemente sofria muito. Às vezes, depois de chorar demais, eu transcendia a dor e me sentia extremamente em paz. Se naquele exato momento eu tivesse forças para me sentar e meditar, coisas estranhas aconteciam... De repente eu tinha uma certeza interna de que tudo ficaria bem e sentia uma felicidade intensa e profunda vindo de dentro. Essa sensação me fazia rir e respirar tranquila, mas nunca durava muito. No dia seguinte, já não tinha vontade de me levantar. A primeira coisa em que pensava quando abria os olhos era: *Ai não, por que não morri dormindo? Não estou com a menor vontade de sair da cama*. O mundo parecia um lugar insuportável para se estar e a existência era como um fardo pesado a ser carregado. Eu tinha um monte de energia que não era usada para nada produtivo, tampouco extravasada. Se tivesse um foco para toda aquela energia, talvez a história fosse outra. Mas foco era uma palavra que não existia no meu vocabulário.

Para o mundo, no entanto, eu ainda era a velha Alana. Fingia ser a menina alegre, entusiasmada e feliz que todos esperavam que eu fosse, como um palhaço que perdeu o filho em um acidente de carro, mas teve que se apresentar à noite no circo e fazer todo mundo rir, porque era seu trabalho. É claro que qualquer pessoa sensível notaria algo de errado, mas a maioria das pessoas preferia não tocar no assunto.

A grande decisão do momento foi baseada em uma matéria no jornal que dizia que o Brasil estava começando a desenvolver seu marketing internacional e recebendo cada vez mais estrangeiros. O turismo era uma indústria em crescimento e muito promissora. E era aí que eu ia entrar. Além do mais, como viajar poderia ser parte do meu trabalho, acabei tomando esta decisão: queria ser uma turista profissional! Onde eu estava com a cabeça?

Uma voz muito abafada dentro de mim dizia que deveria fazer algo relacionado à comunicação, como publicidade ou jornalismo, mas a concorrência para entrar na Universidade Federal do Paraná era muito grande, já que não havia muitas vagas. Não segui minha intuição por medo do fracasso. Do fracasso e da incerteza.

Já o curso que escolhi tinha 38 candidatos por vaga, o que também era considerado bastante competitivo. No cursinho, o clima era tenso e os professores colocavam todos sob muita pressão, sempre recorrendo ao medo. Estas eram algumas das frases ouvidas diariamente:

– Se você não estudar, os outros candidatos estudarão!

– Pense em todo mundo que está em casa estudando, enquanto você está aí se divertindo...

– O que fazem cochichando no corredor? Deviam estar na biblioteca estudando!

– Você não passará se não estudar duro!

. . .

Os últimos dias antes da prova foram marcados por liberação de adrenalina constante. Não há como saber absolutamente tudo, mas isso é exigido. Comecei a ter pesadelos horripilantes com fórmulas assassinas de Física, equações infindáveis de Matemática e composições químicas. Mal conseguia dormir. Acordava durante a noite para dar uma olhada naquele livro de História que eu ainda não dominava e, durante o dia, pirava com detalhes de Biologia e técnicas de redação. Quanta informação! As pessoas começaram a se apavorar, a chorar, a ter ataques histéricos... Era muito difícil manter-se centrado em meio a todo aquele caos. O estresse também me fez emagrecer boa parte dos quilos que havia ganhado. Esse lado, ao menos, foi bom. Visualmente, eu tinha "voltado ao normal".

No dia da prova, havia vários despertadores armados para o mesmo horário. Atrasos não seriam tolerados. Eu tinha desenvolvido técnicas de respiração e memória e me sentia calma e preparada. Logo que comecei a prova, percebi que ia dar tudo certo. As horas se passaram tranquilamente, e terminei a tempo.

Depois disso, tudo o que havia a fazer se resumia em aproveitar o verão na praia com a família. Aparecer de biquíni ainda era uma parte difícil, pois minha autoestima continuava em baixa. Agora, com a perda de peso, havia ficado flácida e ainda estava branquela.

* * *

Meu problema nunca foi a dificuldade em alcançar objetivos específicos; eu só não sabia *quais* eram eles. Mas, quando os definia, ia até o fim. Como suspeitava, abri o jornal e vi meu nome estampado como a mais nova caloura de Turismo na universidade federal. Com a minha pontuação, passaria até em medicina. Ou seja, poderia ter tentado qualquer curso que quisesse. Foi um dia feliz. Meus irmãos me deram banhos de ovos e farinha, me atiraram no mar, pintaram minha cara, tudo a que tinha direito.

Foi o começo de um novo capítulo na minha vida. Até aquele momento, eu achava que passar no maldito vestibular era tudo de que precisava para me sentir em paz e feliz. É claro que me deu uma sensação de dever cumprido e uma leve inflação no ego que manteve minha mente ocupada por alguns dias. Mas não durou muito. Nunca dura! A felicidade nunca depende de circunstâncias exteriores. Você tem absolutamente tudo de que necessita para ser feliz neste exato momento, só que às vezes precisa se livrar de um monte de tralha para poder enxergar isso.

Finalmente estava na faculdade! Os dois anos que se seguiram foram marcados por intensa autodestruição: muitos porres, principalmente. Uma típica vida de estudante universitário.

Alana Trauczynski

Durante meus primeiros dias de caloura, conheci uma menina chamada Susy. A gente já devia ter se visto algumas vezes na sala anteriormente, mas nos conhecemos de fato no meio de uma roda em uma festa, em que estávamos ambas um tanto bêbadas, dançando freneticamente no meio da pista. Não havia nada que as pessoas pudessem fazer para nos tirar de seu campo de visão. A gente estava por todos os lados. As pessoas mais falantes, espalhafatosas e divertidas que você já conheceu na vida, o centro das atenções. A gente trabalhava arduamente por essa posição, e éramos muito boas em nos manter no topo. Não importava o que as outras pessoas fizessem para chamar a atenção, sempre fazíamos melhor (ou pior): berrar mais alto, pular mais longe, dançar mais; o que fosse necessário. Um desses duetos que funcionam muito bem, para o bem ou para o mal. Ela era uma daquelas amigas que aceitavam qualquer desafio e tinham as ideias mais loucas. Movíamo-nos pelo ego, e o mundo era o nosso parque de diversões; existia pelo único propósito de nos entreter. Tudo para não sentir nossa própria dor. Nós não respeitávamos ninguém nem tínhamos sensibilidade suficiente para nos dar conta de que o que fazíamos fugia totalmente de qualquer propósito. Espertas, descoladas, por cima da carne-seca, sabíamos exatamente como manipular todos ao nosso redor sem sermos odiadas. A gente até se sentia amada! As pessoas sempre queriam a nossa presença, éramos convidadas para todas as festas, encontros, churrascos e reuniões. Ainda não sei se realmente gostavam da gente ou se isso acontecia porque éramos a garantia de um evento de sucesso: palhaças em tempo integral ao custo de nossa própria e preciosa energia. De qualquer forma, estávamos em todos os eventos sociais dignos do nosso tempo e abalávamos as coisas como se não houvesse amanhã.

Como qualquer estudante, éramos meio durangas. Nossos pais nos davam dinheiro suficiente para pagar as contas e sobreviver decentemente, mas não patrocinavam nossas caras saídas na *night*, regadas com muita vodca e energético. Então desenvolvemos inúmeras técnicas para conseguir que alguém pagasse nossos drinques, o que também funcionava como um desafio para nos manter ocupadas. Não era coisa de mulher interesseira, porque ninguém estava nem aí para os caras. A diversão centrava-se em conseguir o que queríamos. Usávamos maquiagens impecáveis, roupas descoladas, saltos altíssimos e éramos cheias de atitude.

Rapidamente, aonde quer que fôssemos, estávamos rodeadas de caras que nos achavam as garotas mais incríveis, divertidas, inteligentes e seguras de si que eles já haviam conhecido.

Os homens se interessavam por essa casca que estava à mostra, mas, logo que me conheciam melhor, consideravam--me muito agressiva, independente demais, muito dona da razão. Na verdade, eu estava perdida nas minhas próprias crenças. Minha insegurança fazia com que agisse como se não me interessasse por ninguém, mas acontece que não me achava bonita o suficiente, nem merecedora de amor. Já que estava tão afundada na minha própria viagem, não havia espaço para os outros enxergarem nada disso em mim. É mais ou menos assim que funciona com todo mundo: as coisas não acontecem porque você inconscientemente não quer que elas aconteçam ou não está preparado para elas, refletindo-se essa mentalidade no seu comportamento. Simples assim.

Eu tinha grandes dificuldades para me apaixonar. Aos 20 anos, nunca tinha gostado verdadeiramente de ninguém. Es-

Alana Trauczynski

tava convencida de que não era capaz de amar. Mesmo quando encontrava um cara de quem gostasse, após dois ou três dias já o havia arruinado em meus pensamentos e destruído toda possibilidade de manter aquele sentimento. Em síntese, começava a sentir nojo dele e já nem voltava a vê-lo.

. . .

– Vocês não gostariam de ir para outra festa conosco? Garantimos a diversão! Está muito melhor que esta.
– Hummm, interessante! Claro! A gente segue vocês então...
– Não, na verdade uma amiga voltou pra casa mais cedo com o nosso carro e a gente precisa de uma carona, se vocês não se importam!
– Não, imagina. Com certeza. Vamos já?

Estávamos um pouco alegrinhas, depois de tanta tequila, e não prestamos muita atenção na estrada para saber se seguíamos na direção certa. Depois de vinte minutos, percebemos que a rota que eles haviam tomado não era exatamente o caminho para a festa.

– Caralho, Susy, danouuuuu-se! Eles estão indo em direção à avenida dos motéis.

Puta que pariu... O que faremos?!

Assim que esse pensamento me veio à mente, eles viraram para a entrada de um dos motéis. Normalmente a recepção é muito discreta, para garantir privacidade. Mas, graças a Deus, o motel tinha a entrada de vidro e dava para ver a pessoa que estava ali trabalhando. Na mesma hora coloquei a cabeça para fora da janela do motorista e berrei desesperadamente:

– Chame a polícia! A gente está sendo sequestrada!

Ao mesmo tempo a Susy tentou abrir a porta dela, mas todas estavam travadas. Havia tanta adrenalina correndo nas minhas veias que fui capaz de me enfiar sobre o banco e sair pela janela do motorista, já que o sujeito teve que abri-la para falar com a recepcionista. Dei a volta no carro, abri a outra porta por fora e saímos as duas em disparada por uma rodovia escura e vazia, procurando um táxi. Quando pareceu que tudo ia ficar bem e deu para ver que os caras não vinham atrás da gente, olhamos uma para a outra e tivemos um longo ataque de riso ultranervoso. Sei que não é normal, mas para mim sempre foi assim: tenho ataques terríveis de riso quando estou em situações de perigo; não consigo me controlar. É desse jeito que consigo medir a intensidade de uma experiência, avaliando quanto chorei de rir com ela.

– Cara, a gente se superou desta vez! Tá na hora de repensar a nossa vida e o nosso modo de agir!

* * *

Vez ou outra, todo mundo se ferra. Tudo o que vai volta, diz a lei do karma. Naquela noite, aprendemos uma lição. Pelo menos por um tempinho. Acalmávamo-nos por algumas semanas e vínhamos com aqueles papos de quem acabou de passar por uma má experiência:

– Precisamos focar no que é importante em nossa vida!

– Precisamos estudar mais e melhorar na faculdade!

– Precisamos parar de festar freneticamente. Estamos piores do que a Paris Hilton sob o efeito de anfetaminas!

– Precisamos nos encontrar!!

Alana Trauczynski

> A infelicidade é a sua reação ao sofrimento, e não o sofrimento em si.
>
> **Alan Watts**

Todas essas resoluções não duravam mais de um fim de semana. Sentíamo-nos frustradas em tempo integral. Nossa vida era vazia e sem propósito, a faculdade era um saco e, além de tudo isso, ainda devíamos parar de sair? Não valia a pena viver, então. Os porres que tomávamos eram os únicos momentos em que a gente esquecia nossa dor, nossas dúvidas, nossa ansiedade.

. . .

O que você acha que se aprende em um curso de Turismo? Boa pergunta. Nada que um bom livro sobre o assunto não ensine. Odeio admitir, mas fiz uma péssima escolha: uma escolha baseada no medo do fracasso.

O curso se voltava para a administração e operacionalização de sistemas turísticos. Tudo superteórico, porque na prática pouquíssimas pessoas que trabalham com turismo são formadas na área. A parte das viagens, que era o que me interessava, com a internet se tornou obsoleta. Não tinha nada a ver comigo e parecia uma grande perda de tempo. Além disso, as universidades federais têm ótima reputação para cursos clássicos como Medicina, Direito, Engenharia, Arquitetura, mas não investem muito em outros cursos. As greves eram constantes, e havia muitos dias sem aula. Às vezes alguém levava um tombão na sala por causa de uma carteira quebrada; elas estavam todas podres. A estrutura inteira era uma porcaria.

Para se ter uma ideia, havia até um ninho de pombos na nossa sala, perto da janela. A fachada, que podia ser vista pelos eleitores, era imponente e bem cuidada. Por dentro, tudo abandonado, sujo e podre. Parecia eu.

. . .

O custo de viver em uma cidade grande, longe de casa, no final das contas era maior do que pagar uma universidade particular. Eu estava trocando seis por meia dúzia.

Dois anos de muitas histórias loucas para contar, festas homéricas e nada de estudo passaram rápido. De repente, pareceu-me estúpido continuar morando lá. Estava longe da família, longe da praia, vivendo num perrengue danado pra nada.

Minha confusão interior começou a crescer mais e mais; já não sabia nada. Não estava satisfeita com a escolha que havia feito e concordava que nunca é tarde demais para mudar, mas o problema é que eu não tinha nem ideia de que outro curso escolher. Eu apresentava certas aptidões para a comunicação, mas odiava política (por isso achava que Jornalismo não daria certo). A outra opção era Publicidade, mas tinha grandes problemas com esse lado comercial, ou seja, ter que vender alguma coisa que talvez eu odiasse. Enfim, vivia com ideias românticas e idealistas como todo jovem. Então pensava em me formar em qualquer coisa, para depois descobrir do que realmente gostava. Aí poderia fazer uma pós-graduação ou mestrado em outra área que me desse prazer. Por enquanto, iria apenas terminar o que havia começado, mas em outro lugar.

Uma das melhores universidades em Turismo e Hotelaria localizava-se bem perto de onde moravam os meus pais, em uma praia que soava perfeita para minhas aspirações na época. Providenciei a transferência. Na verdade, poderia ter começado o curso lá desde o princípio. Perdi dinheiro e esse tempo todo por orgulho, porque precisava estudar em uma federal para mostrar que era capaz.

Meu ego atrasou e perturbou todas as decisões importantes na minha vida. Eu estava buscando fora de mim explicações para os meus problemas, exatamente para não ter que enfrentá-los. O negócio é que isso nunca funciona.

Voltei para a casa da minha mãe, que ficava a pouco mais de trinta minutos de onde era a faculdade. No começo pegava um ônibus fretado junto com outros alunos que moravam em cidades próximas: quase quarenta jovens arrogantes que se achavam o centro do universo, incluindo eu mesma. Rapidamente fiz novos amigos e conhecidos. Uma das pessoas no ônibus era uma amiga que prestou vestibular comigo e não passou na federal. Ela estava mais adiantada que eu agora, já que a transferência acabou me atrasando um ano pois a estrutura curricular das duas faculdades era diferente. A qualidade do ensino era muito melhor na nova faculdade, bem como a infraestrutura. Boas bibliotecas, salas de computação, cadeiras novas e iluminação. Estudava à noite, das 19h às 22h, e pelo menos três dos cinco dias semanais de estudo fazíamos o motorista do ônibus parar em um lugar que vendia produtos coloniais e garrafões de vinho, daqueles baratos e doces. Após uma vaquinha, comprávamos um ou dois galões, dependendo do dinheiro, e bebíamos tudinho durante o percurso. Então assistíamos à primeira aula meio bêbados, íamos ao bar durante o intervalo, tomávamos cerveja, jogávamos sinuca, assistíamos à metade da última aula (até fazerem a chamada) e nos encontrávamos de volta no ônibus, para compartilhar as últimas fofocas do dia e depois capotar o resto do caminho. Toda essa bebedeira dava uma canseira!

Durante os intervalos de aula, se eu não estivesse no bar fingindo felicidade histérica, certamente estaria escondida em um dos banheiros, sentada na privada e chorando sem motivo específico. A vida parecia um buraco negro, vazio, de desespero. A essa altura, eu me sentia afogada no fundo de um poço e mal via a luz. Era um fantasma triste e frágil vagando pelos corredores da vida com olhos perdidos no horizonte. Estava sempre à beira de uma crise de choro, de um ataque de nervos. Sentia-me feia, sem objetivo, sem perspectiva e tão afundada nessa merda toda que mal conseguia enxergar uma saída. Quando eu rezava, sem saber nem o que pedir exatamente... só pedia para ver a luz! Pedia que o caminho se abrisse, que se abrisse uma porta, fosse mandado um resgate, um sinal, qualquer coisa que me fizesse ter vontade de me levantar todas as manhãs e me desse esperança.

Nessa época, lembro-me de ter escrito uma redação na qual falava de uma pequena flor cor-de-rosa que crescia no meio de um deserto gigante, a milhas e milhas de qualquer lugar habitável, tentando sobreviver às altas temperaturas, ao sol escaldante e à falta de água. Uma ótima metáfora. Não era óbvio para mim naquela época, mas a tal flor era eu, e estava literalmente pedindo água!

Um dia, enquanto me arrastava por um dos corredores da faculdade, vi o sinal que estava esperando. Em letras maiúsculas, ele dizia:

Alana Trauczynski

MELHORE O SEU CURRÍCULO.

TRABALHE EM ESTAÇÕES DE ESQUI NOS ESTADOS UNIDOS DURANTE SUAS FÉRIAS.

GANHE DINHEIRO, MELHORE O SEU INGLÊS E APROVEITE A VIDA!

No exato segundo em que li aquele papel, meu coração sabia que era o caminho a ser seguido. Parecia que aquele cartaz fora colocado lá para mim soando absolutamente perfeito, por vários motivos:

1. Estaria fazendo algo por minha carreira, já que uma experiência de trabalho no exterior sempre conta muito no currículo.
2. Trabalharia em uma estação de esqui, o que seria maravilhoso pois eu amo *snowboard* (me faz sentir muito viva!).
3. Tinha uma inexplicável fascinação pelos Estados Unidos e precisava descobrir se havia uma razão para isso.
4. Não perderia aulas; o programa se realizaria durante as férias.
5. Ganharia dinheiro, o que sempre é bom, especialmente quando a independência é uma das coisas que você mais valoriza.
6. Melhoraria meu inglês, o que era fundamental, pois estava estudando Hotelaria.
7. Aproveitaria a vida, e isso representava, então, a finalização perfeita para um cartaz perfeito, principalmente quando se está deprimida!

A partir daí, minha vida passou a girar em torno dessa ideia. Tive que passar por testes e entrevistas, atualizar meu passaporte, pedir dinheiro aos meus pais, estudar um pouco de inglês, tudo isso. Imediatamente comecei a me sentir melhor. Agora tinha um objetivo. Podia ver uma luzinha.

Convidei minha amiga Sandra para essa aventura. Ela é uma dessas gurias topa todas para quem você diz: "Ô, Sandra, vamos cruzar o país em busca de aventura amanhã?", e ela vai responder: "Tá. Vou pedir um dinheiro emprestado. Tu passas lá em casa para me pegar?". Conhece o tipo?

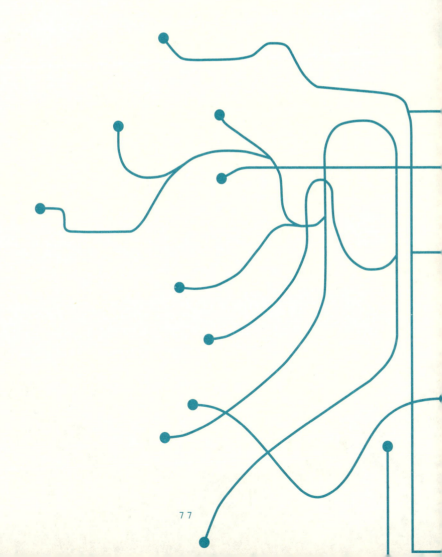

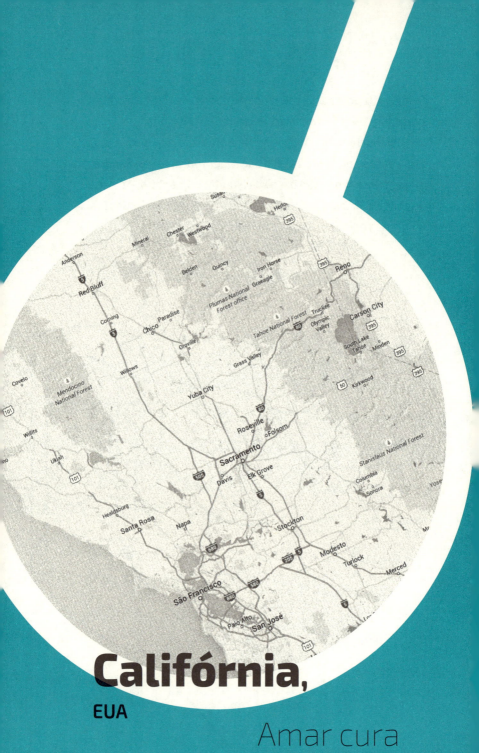

Califórnia,
EUA

Amar cura

Better together
JACK JOHNSON

Love is the answer at least
for most of the questions in my heart
Why are we here? And where do we go?
And how come it's so hard?
It's not always easy and sometimes life
can be deceiving
I'll tell you one thing,
it's always better when we're together

Era o comecinho de dezembro de 1999 e o ano 2000 se aproximava. As pessoas não paravam de falar sobre isso e sobre o medo de pifarem todos os computadores e aparelhos eletrônicos. Eu e a Sandra não estávamos nem um pouco preocupadas, dentro de um avião com destino a São Francisco, na Califórnia, para participar de uma orientação promovida a todos os participantes do programa antes de irem para suas respectivas estações de esqui.

Alana Trauczynski

São Francisco é, na minha opinião, uma das cidades grandes mais bonitas do mundo. A gente parecia dois duendes curiosos procurando um arco-íris. Podíamos ver a Golden Gate do nosso albergue, no alto de uma montanha e em frente a um gramado gigante e verdinho. Ainda não estava muito frio, mas um vento fresco já começava a soprar. Muito mais frio do que o verão no Brasil, certamente! Só tivemos dois dias para explorar uma cidade tão linda e cosmopolita. Participávamos das orientações pela manhã e tínhamos o resto do dia para conhecer a cidade das colinas, tentando decifrar as rotas de ônibus, bondes, balsas, barcos e trens disponíveis para chegar a cada cantinho: a Lombard Street, Union Square, Fisherman's Wharf, Pier 39, Alcatraz e todos os lugares turísticos. A cidade é abarrotada de subidas e descidas. Ter uma bicicleta me pareceu uma ótima ideia para perder peso por lá. Respirávamos liberdade e nos divertíamos muito, até que chegou a hora de partir. Pegamos um trem pela primeira vez na vida, de lá para Truckee, uma cidade minúscula no norte da Califórnia. Muito felizes e ansiosas, rimos a viagem inteira.

  Chegamos quase à meia-noite. Saímos do trem em uma estação cercada de neve. A cidade mais parecia um daqueles filmes de faroeste: um bar, um restaurante, uma loja e uma prisão, tudo em madeira com aquele aspecto cowboy. E eu, novamente, no meio do nada. A estação estava completamente vazia; não havia ninguém trabalhando, ninguém a quem pedir informação, quase nenhuma luz acesa, e a gente usando as mesmas roupas de São Francisco, onde fazia 15 °C, mas agora enfrentávamos o frio congelante das montanhas. Eu estava dura de frio! Meu futuro chefe supostamente estaria lá para nos buscar, mas não havia nem sinal dele. Ainda escuro, e nós em pé ao relento tentando abrir uma das gigantes malas para pegar mais casacos, já pensando em correr para um hotel, quando uma caminhonete branca parou ao nosso lado.

– Vocês são a Alana e a Sandra?

– Siiiiiimmm! Graças a Deus! Estávamos pensando que vocês não viriam mais!

– Não, imagina! Fomos atrasados pela neve na região do Donner Lake. Tivemos que colocar correntes nos pneus para não escorregar. É hora de levá-las para seus dormitórios...

Até que enfim haviam chegado! Era um casal australiano que já tinha trabalhado no resort por alguns invernos. Sandra e eu nos sentíamos felizes em vê-los, já que estávamos no limiar de virar estátuas de gelo até o próximo verão.

Em três minutos percorremos a rua principal da cidade e fomos conduzidas estrada acima, passando por florestas e muita neve, por precipícios e curvas perigosas. Dei-me conta de quanto meu inglês estava ruim, já que a Sandra teve que falar na maior parte do tempo, pois eu não entendia bulhufas. Não conseguia me explicar: as palavras não saíam e formular frases se tornou uma tarefa difícil. Talvez parte do meu cérebro estivesse congelada ou algo assim. Decidi parar de falar, antes que eles me mandassem de volta para a estação de trem alegando dificuldade de comunicação. Olhei para a Sandra e disse (em português):

– Cara, não tô entendendo porcaria nenhuma do que eles estão falando!

– É por causa do sotaque, guria! Os australianos não articulam muito, parece com o inglês britânico, é por isso. Ainda não estás acostumada!

– Tu achas? Cara, tô me sentindo retardada, tu não tens noção! Fica falando tu, porque não quero que eles notem que o meu inglês tá uma merda.

— Pssssst. Para de falar em português! É falta de educação. Vão achar que estamos falando mal deles!

Foi uma situação um pouco constrangedora. Eu achava que falava inglês pacas, mas agora já não estava tão segura. No entanto, a certa altura do campeonato, isso era o de menos, porque minha preocupação maior se voltou para as curvas, as rochas, as pontes e os precipícios pelos quais tivemos que passar.

Trinta minutos mais tarde, o carro parou em um estacionamento. Colocaram nossas malas sobre um reboque, e nós seguimos na garupa de dois *snowmobiles* até o nosso destino final: o dormitório dos funcionários. Eu já não conseguia nem falar. Meu queixo estava batendo, meu rosto colorido de *pink* e já não sentia minhas pernas.

— Preciso entrar em algum lugar quentinho imediatamente! Acho que minhas pernas vão gangrenar!

— Não se preocupe, já é logo ali. Podem me seguir?

Seguimos os australianos por meio de um corredor cheio de armários, duas escadarias e outro corredor cheio de portas fechadas. Nosso quarto era o último, perto de uma pequena sacada com uma vista linda. A única coisa estranha que notamos foi um cheiro forte de incenso, mas não ouvimos barulhos nem sinal de outras pessoas.

— Este é o quarto de vocês. Se precisarem de alguma coisa, nosso quarto é perto da *gondola* (teleférico que atravessa o precipício e leva as pessoas até a estação). Um segurança deverá fazer sua ronda em breve e poderá ajudá-las se precisarem de alguma coisa.

— Ok! Muito obrigada pela carona. Boa noite!

— Boa noite!

Recalculando a rota

A gente acabou de trancar a porta e a Sandra falou:
— Cara, eles devem estar fumando maconha! Pra que este cheiro de incenso? Só pode ser isso!
— Tu achas? Ai, ai, ai...
Começamos a desfazer as malas e arrumar as camas. Estávamos cansadíssimas, depois de um longo dia andando pra lá e pra cá em São Francisco, seguido de uma longa viagem de trem sem nenhum cochilo. Deitamos e conversamos, até quase pegar no sono, quando alguém bateu à porta. Olhamos uma para a outra, surpresas:
— Quem tu achas que é?
— Sei lá, cara! Provavelmente os australianos. Talvez tenham se esquecido de falar pra gente alguma coisa.
Abri um pouco a porta e, pela fresta, vi uma gangue de mais ou menos quinze garotos olhando pra minha cara. Então abri a porta inteira, para que a Sandra pudesse vê-los também. Ela não botou fé!
— Olá, somos parte do comitê de boas-vindas e viemos saudá-las! Estamos felizes de finalmente ver mulheres nos dormitórios. Vocês foram as primeiras a chegar. De onde são?
— Do Brasil.
— Brasil?
— Meu! Sempre ouvimos dizer que as brasileiras são bonitas. Eles estavam certos!
Então começou um interrogatório ininterrupto, com garotos diferentes perguntando ao mesmo tempo:
— Vocês bebem? Gostam de fazer festa?
— Vocês querem ir com a gente fazer *snowboard* amanhã?
— Quando vocês começam a trabalhar?
— Vocês fumam? Têm cigarros?

83

Notei que alguns dos meninos eram bonitinhos, mas, por algum motivo, prestei atenção em um especificamente. Ele estava atrás de todos, comendo miojo em uma tigela, nem aí para nós. A Sandra ficou de saco cheio de responder a todas as perguntas, e eu não conseguia entender metade das gírias que falavam. Então ela disse:

– Meninos, estamos realmente cansadas. Precisamos dormir bem esta noite. Amanhã estaremos aí para o que der e vier. Sim, a gente adora fazer festa e estamos doidas pra conhecer este lugar, mas por hoje é só. Boa noite! – Ela trancou a porta e olhou para mim, espantada. – Meeeeuuuu Deeeeeuuussss! Acho que vamos nos divertir muito por aqui!!

Começamos a rir e ficamos superempolgadas com tudo aquilo. Estávamos felizes ali e prontas para viver o melhor (e o pior) da nossa juventude.

. . .

No dia seguinte, acordamos cedo e colocamos as roupas certas para andar por tudo sem congelar. Os dormitórios estavam silenciosos, não parecia haver ninguém por ali. Finalmente vimos como era o resort durante um belo dia de sol. Beleza pura. Pinheiros cobertos de neve, deques de madeira, montanhas brancas, pequenos chalés, lindas casas de inverno, gigantescas janelas de vidro para todos os lados e muitas rochas.

Havia três aglomerados maiores de área construída: Nob Hill, Judah e Mid Mountain. Nob Hill era a principal, onde ficava a área de recursos humanos, o hotel, o restaurante principal, o bar, o *coffee shop* e a lanchonete em que eu ia trabalhar. Judah se localizava na base de outra montanha, aonde era possível chegar de carro, a pé ou de *snowmobile*. Havia uma lanchonete gigante, algumas lojas e lugares para alugar equipamentos. Mid Mountain, obviamente no meio da montanha, somente era acessível para quem estava esquiando, pelas cadeirinhas montanha acima. No primeiro dia, só nos ocupamos assinando alguns papéis, tirando a foto de identificação e familiarizando-nos com o local.

Eu ia trabalhar como caixa no Nob Hill Café, uma das lanchonetes. A Sandra trabalharia na cozinha de Judah (ela sempre quis ser chef). Indo até lá, cruzamos com um garoto coberto de casacos que olhou pra gente como se nos conhecesse. Ele acenou com a cabeça e disse algo que ninguém entendeu. Não fomos muito simpáticas. Enquanto assinávamos alguns papéis, conhecemos um cara chamado Chad: um típico *redneck* (caipira americano) do Missouri que falava com um sotaque engraçadíssimo, mas parecia muito querido e atencioso. Ele nos seguiu por todo lado, ajudando-nos a encontrar lugares e mostrando-nos as coisas, questionando sem parar. Queríamos acreditar que ele era realmente só um cara querido e com boas intenções, mas depois, quando viramos grandes amigos, ele disse que estava interessado mesmo em pegar uma das duas, tanto fazia. Homens... Sempre homens!

De fato fomos as primeiras mulheres a chegar ao pico, com exceção de uma única menina chamada Mandy: alta, loira, cabelos compridos com rasta, saias compridas e coloridas, totalmente hippie. Ela era a responsável pelo cheiro de incenso incessante. No quarto dela, havia instrumentos diversos, vários tambores, pôsteres psicodélicos, cachimbos coloridos de vidro e todo o kit de maconheiro.

Na primeira noite já conhecemos todo mundo que morava lá. A maioria até então era de americanos, de diversos estados.

Para mim, eles pareciam personagens das mais engraçadas comédias. Conhecemos um carinha chamado Joey, um skatista todo malaco de uma cidade próxima a São Francisco, que mais tarde identificamos como aquele que estava comendo miojo no dia em que chegamos, e o mesmo carinha que tentou falar com a gente no caminho para Judah, mas foi ignorado. Ele falava muito rápido e sem parar, gírias mil. Gostei dele imediatamente por alguma razão. Não era a beleza, porque não o achava nada de mais fisicamente, mas ele exalava uma energia muito legal. Estava sempre dando risada e falando besteira, fazendo todo mundo rir. O Chad, caipira de Missouri, era uma figura também. Olhos vermelhos em tempo integral, por estar sempre chapado, ele falava devagar e olhava frequentemente para pontos vazios no horizonte, mas era sempre o mais cavalheiro. O John também foi um dos meus primeiros amigos. Ele era totalmente radical no *snowboard* e fumava muita maconha; apesar de lindo, não tinha noção da sua beleza. E vivia reclamando das mulheres e da falta de sexo.

 Mais tarde, muito mais pessoas chegaram, incluindo todos os outros estrangeiros que estavam no mesmo programa de trabalho, de todas as partes do mundo: Argentina, Chile, Peru, África do Sul, Austrália e Nova Zelândia, para nomear alguns. E também mais algumas meninas brasileiras chegaram para completar a nossa gangue: Dani e Juju. O andar de baixo era só de homens, e o de cima, só de mulheres; acho que você pode imaginar, então, o tanto de bagunça que acontecia todas as noites. Era uma festa constante nos dormitórios, todo mundo pegando todo mundo.

 Eu comecei a trabalhar na lanchonete cedo. Era caixa, mas tinha que fazer todo tipo de coisas superdivertidas: limpar as mesas, os balcões, tirar o lixo, limpar máquinas de refrigerante, estocar, enrolar os tapetes grossos de borracha e aturar os mexicanos da cozinha dando em cima de mim o dia todo.

. . .

Em um dos meus primeiros dias de folga, decidi ir a Truckee para comprar botas de *snowboard* e uma prancha; também precisava fazer compras no supermercado, já que comer nos restaurantes do resort (mesmo que pagássemos metade do preço) estava ficando muito caro. Peguei um ônibus no começo da tarde e lá fui, de loja em loja, procurando os melhores preços. Acabei achando uma de artigos usados e encontrei tudo de que precisava: uma prancha em ótimo estado e um par de botas que custou cinco dólares. *Excelente! Vou poder esquiar todos os dias de agora em diante!* Então fiz uma parada no supermercado, que, mesmo naquela cidade minúscula, era o mais gigante que já vira. Tinha que comprar comida suficiente para mais ou menos uma semana: um monte de espaguete, sopas enlatadas, *bagels*, refrigerantes, vinho, cereal, leite, iogurte, cerveja, chocolate e bolachas. Nada muito saudável, mas tínhamos só um aparelho de micro-ondas no dormitório para resolver todos os nossos problemas. Foi a minha primeira vez em um supermercado americano. Levei horas andando por tudo e analisando cada rótulo com olhos curiosíssimos. Por sorte, tinha levado um mochilão de acampamento para carregar toda a comida de volta, mas, de tão pirada com a variedade de produtos, metade não coube. Ainda tinha minha prancha, as botas e outras sacolas para carregar. Estava entulhada feito um sacoleiro saindo da 25 de Março em São Paulo! Mal podia andar, mas mesmo assim me sentia muito feliz com todas as minhas compras e me arrastei até o ponto de ônibus logo na frente. O último busão deveria chegar em dez minutos. Coloquei todas as coisas no banco e esperei. Esperei, esperei, esperei... Começou a nevar. Fiquei contente, a princípio, porque adoro neve e nunca me acostumo com sua beleza, mas então olhei para as minhas coisas e rapidamente estava tudo branco, incluindo eu mesma, embaixo do capuz. E então começou a escurecer, e eu já apreensiva. De repente, vi o ônibus passando do outro lado da rua e acenei desesperadamente para o motorista, sem a certeza de que me enxergaria. Depois de mais alguns longos minutos, ele finalmente deu a volta e veio em minha direção, abriu a porta e disse:

– Não ia voltar para o resort hoje, pois está nevando muito e as ruas estão muito perigosas. Mas vi você aí sentada, quase enterrada na neve, e decidi levá-la. Segure-se firme porque esta vai ser uma viagem difícil e perigosa.

– Muito obrigada! Não sei o que dizer. Estava ficando realmente preocupada e sem saber o que fazer.

A viagem foi aterrorizante mesmo. O ônibus dava umas deslizadas e perdia o controle muitas vezes, a estrada cheia de curvas e muito escura. Comecei a rezar pela minha vida e isso me deixou mais calma. Pareceu funcionar, porque logo o motorista parou no estacionamento de Judah, abriu a porta e falou:

– Você sabe como voltar aos dormitórios, certo? Porque, como ainda não abriram completamente o resort, o caminho não está iluminado. Estará bem escuro, então preste atenção para não sair das trilhas de neve compactada, ou você pode afundar se pisar em falso.

Nesse ponto, achei que era um pouquinho demais pedir-lhe que me acompanhasse até lá depois de tudo o que tinha feito por mim. Então eu disse:

– Acho que sei, sim! Já passei por este caminho algumas vezes. Muito obrigada novamente. Volte com cuidado.

Lá estava eu, carregando toneladas de coisas, na escuridão em meio a uma floresta, tentando achar o caminho de volta para aquilo que eu chamava de casa. Falava comigo mesma em voz alta para não entrar em contato com o medo que sentia:

– Puta que pariu, que péssima ideia! Por que você não saiu mais cedo? Por que você ficou tanto tempo no maldito supermercado? Por que você foi sozinha? Por que comprou tantas coisas? Por que não levou um mochilão maior?

Estava realmente brava por ter me colocado naquela situação. Tropeçava em blocos de neve tentando permanecer no caminho e seguindo a única luz que conseguia enxergar. De repente, capuuttzzz! Pisei em falso na neve fofa, fora da trilha, exatamente como o motorista havia falado, e acabei entalada em neve funda. Que pânico! Não conseguia respirar direito, meu coração começou a bater descompassado e a adrenalina entrou na corrente sanguínea feito o corredor mais rápido do mundo. Larguei tudo o que estava carregando – a prancha, o mochilão e as sacolas – e me arrastei de volta para a trilha. Agora já não andava, mas corria desesperadamente em direção à luz. Logo ouvi umas vozes e vi um grupinho de colegas que estava lá fora fumando cigarros.

Nunca fiquei tão feliz em ver alguém na vida! Eles olharam para mim saindo da floresta no escuro, ofegante, branca como a neve, os olhos saltando para fora do crânio, e disseram:

– Caraaaaacas, Alana!!! A Sandra tá superpreocupada com você. Ela disse que você tinha ido fazer compras no mercado e nunca mais havia voltado.

– Sim, fui mesmo. As compras estão jogadas em algum lugar do caminho. Caí da trilha, me atolei e me desesperei. Vocês podem voltar comigo e me ajudar a encontrar as coisas?

Eles riam alto da minha cara e acharam tudo na maior facilidade. Conheciam as trilhas como a palma das mãos. Eu não estava nem aí para as risadas; só queria entrar no meu quartinho e tomar um banho quente.

Esse é o tipo da coisa pelo qual você não tem ideia que vai passar na vida, por isso viajar é tão mágico. Situações inesperadas surgem e fazem com que você mude sua forma de enxergar o mundo. Você está completamente sozinho, não pode se sentar e chorar, não pode ligar para sua mãezinha vir buscá-lo e não pode esperar por um super-herói. Você precisa sobreviver! Essas também são as situações que nos fazem constatar que somos bem mais fortes do que pensamos e que realmente existe algo superior para nos proteger. Para mim, foi uma experiência valiosa.

. . .

Comecei a ficar bem amiga do tal do Joey. Ele tocava baixo em uma banda punk e me fazia rir como ninguém. Nós éramos parceiros no crime, na bebedeira e no *snowboard*. Uma dessas pessoas a quem você pode propor qualquer coisa absurda e ter certeza de que a resposta será: "Sim! Vamos fazer isso!". Um cara positivo, divertido, esperto e interessante. Acho que dava para notar que estava me apaixonando por ele, mas eu mesma não sabia. A gente conversava por horas e horas sobre os assuntos mais variados. Ele tocava violão para mim, comprava várias cervejas e a gente sempre se divertia muito, sem exceção, como bons amigos. De vez em quando ele fazia uma gracinha e dava um pouco em cima de mim, mas eu nunca sabia se ele estava brincando ou tirando uma com a minha cara. Dizia coisas do estilo: "Você parece uma modelo da Calvin Klein!"; "Você tem sangue italiano? Não? Quer um pouco?"; "Casa comigo? Que tal agora?!"; "Vem cá... Dá um beijinho, vai!".

Fala sério! Que infindável estoque de frases prontas! Mas o fato é que ele dizia essas besteiras mais para me ver sorrir do que por qualquer outro motivo. Às vezes ele tentava roubar um beijo ou outras coisas fofas. Não tinha como não gostar de Joey.

Todo mundo começou a notar que a gente estava sempre junto e numa boa, dando risada. As meninas perguntaram se estávamos ficando. Eu sempre negava, porque de fato a gente não estava. Éramos só bons amigos. Mas, um dia, ele passou o fim de semana fora para tocar com sua banda em São Francisco. Aqueles dois dias sem Joey foram um inferno para mim. Parecia que a vida não tinha a menor graça. Nunca achei que pudesse sentir tanta falta de alguém. Tudo parecia entediante, sem vida e sacal.

A partir daí, ficou claro que eu estava gostando dele de verdade.

Poucos dias depois, após muitas taças de vinho barato, decidi beijá-lo. Ele estava na varanda perto do meu quarto fumando um cigarro. Eu cheguei, parei na frente dele com um olhar 43, e ele soube o que fazer. Foi muito bom.

• • •

Minha rotina no resort era acordar cedo e ser uma das primeiras pessoas a subirem a montanha para fazer *snowboard* na neve fresca. Divertia-me até umas 11h da manhã, tirava um cochilo e ia trabalhar (geralmente começava ao meio-dia ou às

14h). Então tomava um banho e ia para alguma festa até as 2h da manhã ou mais. Eu era uma das únicas garotas que acordavam cedo para isso. Claro que eu também tinha outras razões: o Joey e todos os meus outros amigos favoritos eram operadores de *lift* (as cadeirinhas que sobem), então eu ia pra lá e pra cá falando com todo mundo e levando muitos tombos até pegar bem a manhã. Todo mundo ficava impressionado que uma garota do Brasil soubesse andar tão bem. Era uma dessas atividades que me faziam sentir livre e feliz. Nada como uma manhã de sol numa montanha vazia coberta de neve fresca! Isso e o paraíso, para mim, soam bem em pé de igualdade. Adorava andar sozinha, para poder tentar novas manobras sem medo de errar, além de não ter que me preocupar com alguém rindo da minha cara.

Logo me tornei uma das únicas meninas que estavam "autorizadas" a esquiar com os meninos, quando eles saíam em grupos para sessões radicais. Todos me diziam que eu era doida! Cada vez que alguém estava apreensivo para dar um salto, fazer uma manobra ou ir a alguma pista mais difícil, eles diziam: "A Alana já fez isso, cara! Deixa de ser cagão!". Eu realmente era bem corajosa. Não tinha medo de me machucar ou colocar meus limites à prova. Essa é uma das belezas da juventude.

Um dia típico de *snowboard* incluía também uma parada no iglu; um iglu de verdade, construído disfarçadamente entre as árvores, conhecido somente por quem trabalhava lá. A galera fazia uma paradinha ali para dar duas tragadas de *chronic* (maconha americana) e depois subir a montanha mais alta cantando a música "Stairway to Heaven": como o *lift* estava frequentemente acima das nuvens, parecia mesmo que rumávamos ao céu. Então descíamos em grupos, demoradamente, como se estivéssemos surfando uma onda interminável.

Recalculando a rota

. . .

O Ano-Novo se aproximava e todo mundo começou a comentar o que faria na data. A galerinha *cool* tinha trabalhado no Natal (quando a maioria dos americanos queria ir para casa passar com suas famílias) para ter o Réveillon de folga e fazer festa milênio adentro. Eu e as meninas ainda não sabíamos o que fazer, mas a Mandy (a hippie) tinha nos convidado para ir à casa de uma amiga dela em Reno, no estado de Nevada. Perguntei ao Joey o que ele ia fazer, e ele respondeu:

– Vou pra South Lake Tahoe com meus amigos!

– South Lake Tahoe? Eu e as meninas podemos ir junto?

– Hmmmm. Já temos cinco pessoas no carro. Se vocês não têm carro, teriam que alugar um. No meu não tem mais espaço.

– Ok. Acho que a gente vai pra Reno então...

Fiquei puta. Ele me fez sentir desimportante e descartável, ainda que não houvesse razão para ficar brava, já que a gente não namorava. Estávamos somente "nos conhecendo" e aproveitando a vida. Grrrrr! Mesmo assim, fiquei puta porque ele não queria desesperadamente passar essa data especial com o novo amor de sua vida (eu!), em uma escapadela romântica. Preferia tomar todas com os garotos. Malditos homens.

. . .

O grande dia chegou e nós fomos pra Reno no final da tarde. Quando chegamos à festa, vimos um grupo grande de garotas correndo em nossa direção e berrando:

– Maaaandyyyyy!!!! Meu Deuuusss, que saudadeeeeee!

E todas elas começaram a se abraçar, pular uma na outra e se beijar na boca. Eu e as meninas nos olhamos boquiabertas.

– Cara, é uma festa de lésbicas.

– Puta que pariu.

Havia alguns homens na festa também, e como a gente nunca teve nenhum tipo de preconceito com relação à orientação sexual, então estava tudo ok. Começamos a beber garrafas e mais garrafas de champanhe e, já perto da meia-noite, alguém completamente bêbado chegou e disse que o melhor lugar para assistir aos fogos e ver as luzes de Reno era em cima do telhado da casa onde estava rolando a festa. Que ideia maravilhosa! Foi lindo ver todo mundo escalando as árvores ao lado para alcançar o telhado. De repente, havia mais de trinta pessoas lá em cima. A festa tinha sido praticamente transferida para o telhado, e quinze minutos antes da meia-noite começaram a acender todos os baseados, cachimbos e *bongs* que você possa imaginar. Eu já estava meio alegrinha depois daquele champanhe todo, então comecei a contagem regressiva:

– Dez, nove, oito, sete, seis, cinco, quatro, três, dois, um! Feliz Ano-Novooooooooo!!!

. . .

Tá. Era o tão esperado ano 2000 e nada de especial aconteceu. Não foi o fim do mundo, não vi profetas se iluminarem no céu, não houve explosões e os computadores funcionavam normalmente. Vi apenas a mim mesma, com uma garrafa inteira de champanhe nas mãos, abraçando um monte de estranhos como se fossem irmãos separados no nascimento, alguns fogos de artifício coloridos e fedidos, um monte de gente berrando e dando gargalhadas. Logo depois todo mundo começou a descer do telhado e eu fiquei lá sozinha, sentada, olhando as estrelas e pensando na vida. O Réveillon sempre foi uma data que me deixou bastante melancólica, pensando no sentido da existência. Pensei, então, na minha família e senti saudades. Pensei na praia, no tanto que eu queria que o Joey estivesse ali para me fazer rir, no meu futuro e no meu passado. Então lembrei que havia uma festa rolando e que eu estava viajando demais. Além disso, meu champanhe havia terminado. Quando me levantei, percebi o quanto estava bêbada. *Meu Deus, como vou descer daqui sozinha?* Agarrei um galho e tentei me equilibrar para descer, mas o maldito quebrou na minha mão e desci a porcaria inteira aos trancos, batendo toda a lateral do meu corpo na árvore. "Aaaaaaaaaiiiii!", berrei. Fiquei ali deitada por uns segundos até que um primeiro infeliz começou a gargalhar freneticamente e apontar para mim. Que ótima maneira de começar o ano! Meu corpo estava inteiro machucado, cheio de hematomas azuis.

. . .

O primeiro dia do ano foi uma ressaca coletiva nos dormitórios da estação. O patrimônio humano daquele local parecia mais uma legião de zumbis arrastando-se! Finalmente encontrei o Joey em um dos corredores; ele me abraçou forte e disse:

– Feliz ano novo, Alana!!! Cara, eu deveria ter ido pra Reno contigo. Pensei em ti o tempo todo. A gente acabou tendo uma noite de merda, maior roubada! A polícia estragou a festa toda, as ruas estavam lotadas e eu me perdi dos meus amigos. Só loucura. Senti muitas saudades!

Eu derreti (claro!) e disse:

– Óóóóóóó, pobrezinho. Feliz ano novo, Joey! Senti tua falta também. Caí de cara de uma árvore. Olha só a minha barriga, toda estourada e azul!

Tudo bem de novo. Não estava mais brava com ele. A vida era bela!

. . .

Certa noite, o Joey chegou ao nosso quarto hipereufórico com alguma coisa. Isto foi o que ele disse:

– Gurias, dei carona para um cara hoje até a cidade. Era um doido desses ultra-hippies dos anos 1960, e o sujeito começou a me contar todo tipo de histórias loucas da vida dele. Quando chegamos à cidade, ele disse que me achou legal e me deu dois ácidos, falando que a parada era muito massa. Vocês querem experimentar?

A Sandra olhou para mim e disse, já rindo:

– Queremos! Só se for agora!

Eu meio que fui com a maré. Vi que estava com duas pessoas em quem confiava e não pensei muito. O Joey tomou um inteiro e nós dividimos um. Sei o que você pode estar pensando... Vocês são loucas de tomar ácido de um desconhecido! Quando eu lembro essa história é nisso que penso também. Culpo a minha juventude inconsequente, mas, por outro lado, agradeço o fato de ter sido inconsequente em algumas épocas da minha vida. A verdade é que eu não sinto necessariamente culpa. Acho que foi uma irresponsabilidade válida. Se você chegou até aqui, por favor, não deixe de ler o resto do livro, caso contrário terá uma impressão errada da minha relação com as drogas.

> Creio que um prolongado desarranjo dos sentidos nos leva ao alcance do desconhecido.
>
> Jim Morrison

Foi uma experiência inesquecível. Primeiro começamos a rir de nada específico, ou melhor, de tudo. Então decidimos contar ao mundo que estávamos numa viagem de ácido. Dirigimo-nos ao chalé onde o John morava e contamos a ele, que perguntou:

– Cara, é sério? Vocês estão numa viagem de ácido? Deixa eu ver! – Ele apontou a luz negra para a minha boca aberta e parece que a língua brilha nessa luz quando o ácido está agindo.

– É verdade! Vocês devem estar pirando. Uuuhhhuuuu! Precisam ir lá pra fora se divertir. Aqui estão alguns brinquedinhos... eles sempre ajudam caso vocês comecem a pirar demais! – Ele me deu um daqueles bastões de neon decorativos que brilham no escuro e uma ampulheta de gel que formava bolhas de ar e fazia formas engraçadas.

– Pode crer, velho! Que massa. Obrigada, valeu mesmo!

Então saímos do chalé para a floresta, como dois exploradores ávidos por uma grande aventura. Parecia que o mundo tinha virado a Disneylândia e tudo existia somente para nos entreter. A gente enterrava o bastão na neve, que ficava verde, daí eu dizia algo brilhante:

– Cuidado, Joey! É kriptonita! Fique longe disso; você é meu herói!

Caíamos na gargalhada, e eu começava a gritar para escutar meu próprio eco na floresta. E ria ainda mais. Daí pirava na

Alana Trauczynski

lua, que estava clara e cheia, brilhando acima de nós. Então a gente se beijava e eu dizia algo inspirado:

— Obrigada por estar vivo, Joey. Este é um marco na história da minha vida e você faz parte dele. Você é demais!

Poderia continuar contando mais trocentas coisas idiotas que dissemos, mas naquele momento elas realmente pareciam grandiosas. Quando voltamos ao dormitório, o Joey começou a rasgar notas de dinheiro dizendo que elas não tinham valor nenhum, eram somente um pedaço de papel que havia amaldiçoado o mundo! (Mas é claro que ele só rasgou as notas de um dólar!)

Então ele começou a tocar violão e me mostrou um caderno no qual costumava escrever todas as suas músicas e pensamentos. As lágrimas me vinham aos olhos enquanto lia; nada nunca tinha feito tanto sentido para mim quanto aquelas palavras. Comecei a sentir um amor muito grande por aquele homem que parecia a versão masculina de mim mesma. Nós apagamos as luzes, acendemos umas velas e tivemos todo tipo de conversa profunda, olhando nos olhos. De repente, ele disse:

— Alana, você já amou alguém?

— Pra falar a verdade, acho que não! Amor romântico, não.

— Bom, estou com vontade de te dizer eu te amo neste momento. Você é uma mulher muito legal! Adoro a sua companhia.

— Eu também estava com vontade de dizer isso, juro! Eu te amo, Joey. Obrigada por fazer parte da minha vida, obrigada por existir. Sempre achei que eu fosse incapaz de amar, mas agora sinto... eu te amo!

Depois de muitos beijos não conseguíamos dormir. O efeito da droga ainda bombava na corrente sanguínea. Pensei que nunca fora mais feliz do que naquele exato momento. Sentia-

-me completa. Pode até parecer triste que isso tenha acontecido enquanto estávamos sob o efeito da droga, mas realmente acho que não fazia diferença alguma naquele instante. Dizem que as drogas intensificam seu estado interior: se você está triste, pode ficar ainda mais triste; se você está feliz, pode ficar eufórico. Acho que depende da droga e da pessoa. Para nós, aquele sentimento era inexplicavelmente intenso. E, claro, pode até ter sido intensificado pelo ácido, mas já era muito forte de qualquer forma.

. . .

Esse amor curou algumas das minhas feridas mais profundas, lavou a minha alma, levou a minha dor. Salvou-me da crença na incapacidade de amar! Agora eu conseguia novamente acreditar que a vida era maravilhosa e que havia ainda muita coisa por vir. Aquilo me deu fome de vida.

Nossos dias eram salpicados de pura paixão. Havia corações desenhados na neve e nas paredes do dormitório. Éramos um casal e tanto, sempre rindo, escutando muito Beatles, dançando e aprontando. Aliás, por alguma razão o dormitório inteiro pirou nos Beatles durante aquele inverno. Os CDs tocavam sem parar, em um quarto e no outro. A gente achava que estava morando em um submarino amarelo e essa música tocava sempre, fazendo todo mundo sorrir e dançar. Que delícia!

Em algumas noites, as pistas de esqui eram abertas somente para quem trabalhava na estação. A gente então subia os *lifts* carregados de cervejas, sentava-se no topo da montanha, tomava todas, dava muitas risadas e depois voava montanha abaixo em linha reta, um mais louco que o outro. A possibilidade de cair sequer podia ser considerada, porque seria um tombo feio! Em uma dessas noites, tinha acabado de nevar muito, mais de um metro de neve fresca sob as cadeiras elevadas. Eu olhei para o controlador de *lift* lá em cima, e era o Chad. Olhei para baixo e imaginei como seria maravilhoso pular ali mesmo, onde a neve estava fofíssima e intocada, logo abaixo dos meus pés. Fui possuída pelo louco espírito aventureiro que habita o meu ser e me atirei de uma altura de mais ou menos dois metros. Não consegui me conter. O Chad saiu da casinha dele, olhou para mim e berrou:

— Alana, tu és louca! Vai com tudoooo! Uuuuhhhuuuu!

O que eu senti foi inexplicável. Liberdade sem limites. Sensação viciante. Perdi o meu passe (permissão para esquiar livremente) duas vezes durante a temporada por causa dessas brincadeiras, mas nada que os olhinhos verdes de uma brasileira desavisada não convencessem as respectivas autoridades a devolvê-lo.

Em algumas dessas noites, o Joey tocava com uma banda no bar do resort. Sempre que eu entrava lá para vê-lo, ele dizia ao microfone:

— Esta vai para minha namorada Alana, essa mulher linda que acabou de entrar.

Ele sempre tocava uma música chamada "Brown Eyed Girl" (A garota dos olhos castanhos), mas adaptava a letra para "Green Eyed Girl" (A garota dos olhos verdes), em homenagem aos meus. Essas eram as pequenas coisinhas que o Joey fazia para ganhar o meu coração. Nunca vivenciara a experiência de me sentir tão amada. Era incrível! É impressionante quanto isso faz com que você sinta compaixão pelos outros seres humanos e o mundo como um todo. Você consegue viver cada momento intensamente, sem pensar em coisas ruins, como se nada o pudesse impedir de ter um futuro incrível.

Várias outras coisas também me fazem sentir muita saudade do meu dia a dia nas montanhas: encontrar todo mundo no deque de madeira durante o pôr do sol alaranjado para tomar muitas cervejas, perder-me sozinha nas trilhas de *snowboard*, parar nas cavernas para descansar e encontrar vários amigos, trabalhar naquele lugar lindo nos dias ensolarados de churrasco ao ar livre, dormir colada ao aquecedor, usar a janela como geladeira e tantas outras coisas que fizeram daqueles meses alguns dos mais intensos e bem vividos da minha vida.

. . .

Era 9 de fevereiro de 2000. Tive que trabalhar durante o dia, mas pude fazer um "snowboardzinho" enquanto o sol se punha. Conheci uns caras da Califórnia na montanha e disse para eles que era meu aniversário. Então eles convidaram a mim e a todos os meus amigos para ir ao bar depois de fechados os *lifts*, porque pagariam tudo para todo mundo. Eles não tinham ideia de quanto os meus amigos eram *hardcore*. Quando chegamos ao bar, começaram os *shots*... vários... seguidos por rodadas e mais rodadas de cervejas, até que eu estivesse prestes a vomitar. Precisávamos de açúcar no sangue, então decidimos fazer brigadeiro, sobremesa que eles não conheciam. Hmmmm! Peguei a panela e, completamente bêbada, saí correndo em direção ao chalé do John. Queria que ele experimentasse, pois já havia feito a maior propaganda sobre o tal doce. Daí, ploft! Não me lembro de mais nada. Parece que me encontraram, sabe-se lá quanto tempo depois, deitada na neve com a panela na mão em algum lugar no meio do caminho.

Meus 21 anos foram marcados por intensa febre e dor de cabeça, um resfriado implacável que levou dias para passar. Minha aparência estava horrível, e minha voz, ainda pior. Mas agora, já maior de idade, podia beber álcool legalmente nos Estados Unidos. Supostamente já era responsável para fazê-lo, o que considero uma grande hipocrisia. Nunca conheci um adolescente lá que tivesse esperado fazer 21 anos para beber pela primeira vez. Parece que tudo o que é proibido soa mil vezes mais atraente.

. . .

De volta ao resort, as coisas começaram a ficar meio estranhas. Depois de muito tempo vivendo juntas em um mesmo lugar com certo nível de enclausuramento, as pessoas tendem a dar uma pirada. Todo aquele amor e toda aquela alegria de viver em comunidade se transformam em falta de paciência e de cordialidade de uns para com os outros. Ninguém mais quer dividir, ninguém mais quer colaborar para manter a organização e limpeza das áreas comuns, ninguém respeita a privacidade ou o silêncio alheio. Todo mundo começa a irritar os outros e a sentir-se irritado por eles. Também estávamos de saco cheio de sorrir, ser solícitos e afetadamente amigáveis com os hóspedes quando, de fato, ganhávamos muito pouco dinheiro e não havia muito reconhecimento. Meu contrato terminava em 20 de março, e os últimos vinte dias foram realmente caóticos. Pegaram-me vendendo bebida alcoólica para um menor de idade, por não ter checado a identidade dele. O "menor" em questão era o próprio

Joey, que só tinha 19 anos nessa época. *Alguém liga?* Aparentemente sim. Disseram-me que o resort poderia ser multado em milhões de dólares por isso. Mais uma vez, meus olhinhos de brasileira desavisada funcionaram. "Eu não sabia! Não temos essas regras no Brasil! Lá ninguém se importa tanto assim." A neve começou a derreter, as condições de esqui ficaram péssimas, certas partes da montanha fecharam e tudo se tornou meio cinza e deprimente. *Tá na hora de ir embora*, pensamos em conjunto.

O Joey já havia partido para uma viagem com o pai. Eu sentia muita saudade, e só fazia uma semana que estávamos longe um do outro. Não estava preparada para me separar dele e não queria voltar para o Brasil de jeito nenhum. Como as meninas também não queriam voltar ainda, decidimos viajar por uns tempos até decidir o que faríamos da vida. Dizer adeus foi muito difícil! Mais uma vez, todos aqueles rostinhos familiares seriam banidos da minha rotina, sem a certeza do reencontro. O Chad costumava dizer: "Este é um capítulo de nossa vida que nunca vamos esquecer... *Dormstock, baby!*" (um trocadilho para "Woodstock no dormitório"). A mais pura verdade. Nunca esquecemos.

. . .

De forma alguma pretendo, com estas histórias, promover substâncias ilegais ou dizer que usar drogas é bom. Na verdade, sou absolutamente contra. Acredito que elas são a forma equivocada de tentar encontrar o que se busca na vida. É como buscar na parte de fora algo que sempre esteve dentro de você.

Alana Trauczynski

Uma história do mestre sufi Nasrudin exemplifica esse tipo de comportamento humano:

A CHAVE

Num certo dia de sol, Nasrudin estava procurando sua chave no jardim quando passou um vizinho e resolveu ajudá-lo. Como procuravam animadamente, vários outros passantes foram aderindo à empreitada. Ao fim do dia, já eram mais de sessenta pessoas ali, intrigadas com como uma chave podia ser tão competente em sumir. Já começava a escurecer quando alguém se lembrou de perguntar a Nasrudin:
– Você tem certeza de que perdeu a chave no jardim?
– Não! Na realidade a perdi dentro de casa – explicou Nasrudin.
– Mas por que, então, estava procurando aqui fora?
– Porque dentro de casa estava muito escuro; aqui há mais luz.

Tal história pode parecer louca, engraçada ou absurda, mas sempre me fez pensar: por que estamos sempre buscando nos lugares errados? Por que insistimos em procurar onde há luz quando sabemos que o que há para ser "achado" está no escuro, em nossa sombra? Por que temos tanto medo desse escuro? Simplesmente porque ele é desconhecido. Na vida, repetimos padrões e temos medo das coisas com as quais não estamos familiarizados. Temos medo de praticamente tudo o que pode nos salvar. A chave para a paz de espírito e para a salvação da humanidade está no mesmo lugar: dentro de casa. Enquanto não mergulharmos corajosamente dentro de nós mesmos, sem medo e sem julgamento, não nos tornaremos quem somos, e, com isso, parte da Verdade estará encoberta. Assim penso eu.

Algumas drogas fizeram parte da minha vida, como você pôde ler aqui. Não sou hipócrita. De forma alguma tenho vergonha de falar sobre isso. Já fui uma dessas pessoas que tinham muito medo das drogas, mas decidi ver com os próprios olhos. Como poderia julgar aqueles que usam essas substâncias sem nunca ter experimentado? Apenas rotulá-los? Não. Decidi que iria experimentar, para saber exatamente o que as pessoas sentiam e viam, e assim chegar às minhas próprias conclusões. Também não estou dizendo que isso é o certo, nem que todo mundo deveria agir dessa maneira. É assim que as coisas foram para mim, somente isso.

De certa forma, sinto alguma simpatia por usuários de drogas, pelo fato de que eles buscam, mesmo que inconscientemente, outra realidade: modos de pensar, experiências e sensações diferentes. Desse ponto de vista, querem ir além. Algumas pessoas têm tanto medo que nem a esse ponto chegam.

Também nunca experimentei nada que incluísse uma agulha ou coisa do gênero. Não precisei ir tão longe. Sempre fui consciente de que isso não era uma desculpa para que eu começasse a pirar como se fosse uma experiência científica. Nunca fui dependente, nunca comprei, nunca contei com as drogas. Sempre tive o poder de dizer não; isso é primordial. Eu não tomava porres ou usava drogas para que os outros me achassem legal, mente aberta ou qualquer outra coisa. Fazia isso para escapar da minha dor, consequência da falta de propósito. O grande problema é que durante esse tempo as coisas não andam! É como se o DVD da sua vida tocasse sempre o mesmo disco.

Pode ser muito divertido ficar nessa de tomar uns porres, acho até que faz parte. Mas engana-se redondamente quem espera encontrar o rumo da própria vida na bebida. Não vai acontecer. Uma coisa não tem nada a ver com a outra. As noitadas podem levá-lo a conhecer muita gente e a se divertir bastante. Também podem servir como experiência de vida, mas nada além disso. O estado de letargia é o que prevalece, e você deixa de ser dono da sua vontade para se arrastar com as marés, sem controle da própria vida. Assim eu segui durante muito tempo...

> Quando os acontecimentos ficam estranhos,
> os estranhos viram profissionais.
> **Hunter S. Thompson**

Eu e as meninas finalmente decidimos ligar para os nossos pais e dizer que não voltaríamos para o Brasil no tempo previsto. Eles nos deixaram ficar sob uma condição: que estivéssemos estudando ou fazendo um curso que melhorasse nossos currículos. Concordamos e saímos de viagem novamente. Primeiro até São Francisco, para acabar de conhecer aquele lugar tão lindo; depois Sacramento, para visitar o John (ele mesmo, da estação de esqui), e finalmente Las Vegas!

Passamos cinco dias e quatro noites lá, e nunca destruímos nosso corpo tão intensamente em tão pouco tempo. Quase não vimos a luz do dia, para dizer a verdade, mas certamente conhecemos cada boate, bar e *lounge* que estava fazendo sucesso no momento. Ninguém esquece sua primeira vez em Vegas. A cidade pode mantê-lo tão intensamente entretido que você tem a sensação de estar com o cérebro congelado. Não há tempo para pensar. Luzes coloridas não param de piscar diante de seus olhos, aonde quer que vá; corpos perfeitos dançam à sua frente; bocas carnudas e dentes branquíssimos sorriem para você; barulho, luxo, águas dançantes, propaganda, dinheiro, shows, limusines, carros exóticos, ouro, mais luzes, cachoeiras falsas, leões, estátuas, montanhas-russas, torres... Meu Deus! Não há como não ser afetado. Parece que a cidade sussurra no seu ouvido: "Olhe, tudo isso pode ser seu se você continuar jogando, jogando e jogando!". Mas ninguém parece ganhar, exceto os cassinos, que o fazem acreditar que está se divertindo mais do que nunca na vida, enquanto drenam tudo o que você tem de valor, incluindo seus princípios e sua integridade. Não me lembro tanto assim daquela viagem, já que havia mais álcool do que sangue correndo em minhas veias. Mas, se você já tem 21 anos e quer se divertir muito, nesses termos, Las Vegas certamente deve fazer parte de seu itinerário.

A Sandra foi certamente a estrela da viagem. Na primeira noite ela ficou com um carinha e ligou para a gente dizendo que estava indo se casar em uma capela (ainda bem que o lugar onde se adquire a licença já estava fechado!). Na segunda noite ela achou um milionário que procurava gente para jogar com o seu dinheiro; em mais ou menos meia hora (jogando com o dinheiro dos outros), conseguimos dinheiro suficiente para pagar nosso hotel. Na terceira noite ela ganhou uma competição de quem bebia cerveja mais rápido, com um funil na garganta, em cima do bar, em uma boate louquíssima, com todo mundo berrando o nome dela. Na quarta noite ela conheceu um cara de Nova York que comprou uma garrafa de tequila de quinhentos dólares para todas nós. Depois dessa, ninguém conseguia dar mais de cinco passos sem cair no chão. Foi divertidíssimo, óbvio. O outro dia é que nem tanto...

Alana Trauczynski

Uma hora antes de pegarmos o ônibus para ir embora na manhã seguinte, Sandra estava seminua, jogada no chão do nosso quarto do hotel, completamente desmaiada. Conseguimos arrastá-la até a banheira cheia de água fria, mas nem assim ela acordava. Fizemos sua mala, colocamos roupa nela e praticamente a carregamos até o ponto de táxi. Assim que um carro parou, ela caiu de cabeça perto da roda. A gente não sabia se ria ou se chorava, mas no final deu tudo certo. Entramos no ônibus a tempo, e capotamos. "Nossa, se a gente conseguiu sobreviver a esta, temos uma longa vida pela frente!", disse Juju.

. . .

Fomos até Dixon, onde uma das meninas já tinha feito intercâmbio anteriormente. A família dela nos convidou para ficar quanto tempo quiséssemos no trailer que haviam estacionado do lado de fora da casa. Aceitamos, já que queríamos economizar dinheiro porque não estávamos certas do futuro: se conseguiríamos outro emprego e um lugar para morar. Os dias no trailer pareciam intermináveis. É diferente nos primeiros dois dias, depois a graça meio que acaba. Esbarrávamo-nos o tempo todo, as quatro dentro daquele cubículo. A cidade era muito pequena e desinteressante. Acabamos passando só um mês lá.

Já que nossos pais disseram que teríamos que estudar, acabamos indo para outra cidade lá perto, chamada Davis, onde havia uma universidade. Fiz matrícula em um curso de extensão em Marketing e Relações Públicas que durava seis meses. Passamos alguns dias em um hotel até achar um lugar para morar. Depois de bater perna para todo lado, encontramos um condomínio chamado La Casa de Flores, um complexo redondo de apartamentos mobiliados com uma piscina no meio. Dois quartos, quatro garotas e muita diversão por vir. Eu fui a primeira a conseguir um emprego em um restaurante do tipo "cantina" dentro da universidade. A gente trabalhava um monte durante o dia e fazia muita festa à noite. Assim praticamente posso resumir nossa vida em Davis.

Eu estava quase pirando de saudade do Joey. Naquela época, os telefones celulares ainda não haviam se popularizado, ele só tinha um bipe e era sempre complicado a gente conversar. Ainda estava extremamente apaixonada, e ficar longe dele doía demais. Um dia, decidi acabar com esse sentimento ruim a qualquer custo. Sabia que ele ainda estava viajando com o pai e visitando familiares em algum canto dos Estados Unidos, mas estava disposta a pegar um avião com destino a qualquer lugar apenas para ficar um pouco com ele. Então mandei um bipe com o número do orelhão onde eu estava e fiquei rezando ao lado do telefone para que ele retornasse a ligação. Vinte minutos depois, eu já estava perdendo as esperanças quando o telefone tocou. Atendi:

– Joey???

– Alanaaaaaaaaa, minha linda! Que saudade! Não acredito que você me passou um bipe no exato momento em que saí do trem. Acabei de chegar à Califórnia. Demorei um pouco para pegar as malas e encontrar um telefone, estava torcendo para que estivesse ainda esperando. Preciso te ver agora! Onde você está?

– Nem me fala! Eu já estava disposta a pegar um voo pra qualquer lugar do mundo pra te encontrar. A gente alugou um apartamento em Davis, perto do shopping. Tens que vir visitar, tô com muita saudade!

— Sei exatamente onde é. Fica a menos de uma hora de onde estou, em Fairfield. Estarei por aí em breve. Te amo, meu amor!

— Também te amo.

Acho que nunca estive tão ansiosa. Meu coração batia acelerado durante aquela longa hora, até o momento em que o vi subindo as escadas em minha direção. Estava tão feliz que não conseguia nem falar. Abraçamo-nos, beijamo-nos e passamos o resto do dia contando as histórias de tudo o que havia acontecido desde que havíamos nos separado, olho no olho.

Logo o Joey se tornou o quinto habitante daquele apartamentinho. Não oficialmente, já que ele ainda vivia e trabalhava em Vallejo, uma cidade próxima, mas estava lá o tempo todo. Aliás, sempre tinha gente no nosso apartamento. Às vezes eu chegava e encontrava até pessoas que não conhecia sentadas na maior folga no nosso sofá. Era quase um espaço público, aonde as pessoas iam para beber, bater papo e não fazer nada; um típico apartamento de estudantes, exceto pelo fato de que a gente não estudava muito.

Todas as noites, ao chegar depois do trabalho, eu escutava os recados na nossa secretária eletrônica. Algo como vinte mensagens de pessoas diferentes convidando-nos para lugares diversos: festa na casa de alguém, festas de fraternidades, festas à fantasia, festas em boates, encontros nos bares, *happy hour* não sei onde... Tínhamos uma imensa variedade de escolhas diárias.

É claro que já não conseguíamos fingir para nossos pais que estávamos fazendo algo grandioso na vida. Minha mãe insistia em me dizer para voltar e terminar a faculdade todas as vezes que nos falávamos por telefone, sem exceção. Eu achava um saco. Considerava que ela era incapaz de ficar feliz por mim.

Poxa! Eu estava me divertindo horrores, apaixonada, conhecendo lugares novos, viajando um monte, aprendendo muito, melhorando meu inglês, fazendo um curso de Marketing e aproveitando minha juventude. Não dava para me deixar em paz? Não dava para me dar força?

Hoje concordo plenamente que oito meses de pura festa foram suficientes, mas as coisas devem ser feitas na hora certa. Qual é a hora certa de tocar o terror? Aos 21 anos. Essa era a hora certa.

Em quase toda a cidade só havia universitários, todos jovens, sedentos por aventura, todos fazendo a mesmíssima coisa: estudando e aproveitando a vida. Não me arrependo de nada.

O Joey já tinha prometido ir para o Brasil assim que conseguisse dinheiro para comprar uma passagem. Não foi muito difícil convencê-lo... Nunca era.

Eu tinha economizado um pouco e usei o dinheiro para visitar minha família em Québec, já que era tão mais barato fazê-lo enquanto estivesse nos Estados Unidos. Foi muito legal rever todo mundo, encontrar velhos amigos, fazer surpresas. Passei duas semanas muito agradáveis lá.

Na mesma época, minha mãe estava indo para o México e decidi encontrá-la para umas semanas de férias introspectivas antes de voltar para o Brasil. Meu avião de volta para casa partia de Los Angeles, então comprei uma passagem de ida e volta de lá para a Cidade do México. Como me considerava uma viajante profissional mais independente do mundo, decidi chegar uns três dias antes para conhecer bem a cidade e depois mostrar para minha mãe só o que valesse a pena. Não avisei ninguém da minha decisão, o que acabou se revelando uma péssima ideia...

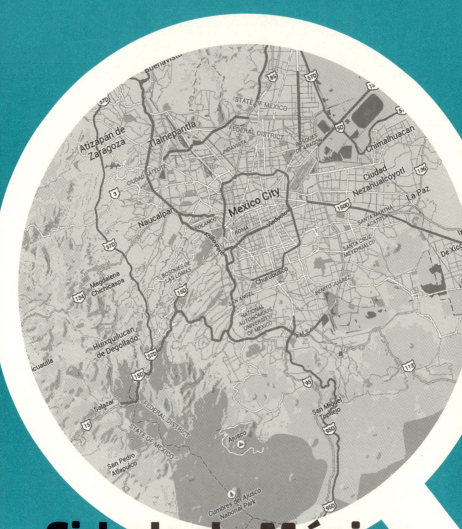

Cidade do México,
MÉXICO

Os medos devem ser encarados

Medo
SIMIOS

Medo, eu sinto medo
De ficar sozinho em casa, medo da escuridão
Medo, eu sinto medo
De esperar por alguém que não vem, medo de não ser ninguém
Medo, eu sinto medo
Medo de muitas pessoas, medo da solidão...

Coragem de ter medo, e seguir a intuição
Coragem de ter medo, e eu nunca desisto nunca desisto

Eu ainda não tinha me dado conta da razão pela qual minha passagem havia sido tão barata. Dormia como uma criança quando o piloto disse:

— Atenção, tripulação, preparar para a aterrissagem. É 1h45 da manhã no horário local. Bem-vindos à Cidade do México.

Alana Trauczynski

Lembro o susto que levei ao receber essa informação. *O quê? Já chegamos? Achei que chegaria às duas da tarde. Que saco! Que tipo de mulher chega sozinha à Cidade do México, uma das mais perigosas do mundo, sem reserva de hotel, às duas da manhã? Merda. Só eu mesmo.*

Quando chegamos ao saguão de saída, estava tudo escuro. Nunca tinha visto um aeroporto internacional tão sombrio e aterrorizante; havia gente dormindo no chão, pedintes e molambentos. Todos os que estavam no mesmo avião que eu desapareceram em questão de segundos, e uma multidão de motoristas de táxi pulava nas pessoas, oferecendo-lhes seus serviços da forma mais persuasiva possível: eles praticamente puxavam as malas das mãos delas, começavam a carregá-las para longe e você era obrigado a segui-los. Eu berrei: "Espere!!!", peguei minhas malas de volta e as arrastei até o orelhão mais próximo. Ninguém no mundo sabia onde eu estava naquele momento, então pensei que seria uma boa ideia avisar alguém, especialmente porque já dava para notar que minha estada seria um tanto conturbada e perigosa. Mas quem disse que os telefones mexicanos queriam cooperar? Não havia lugar aberto para comprar cartões telefônicos, e ligações a cobrar não pareciam possíveis: as operadoras desligavam na minha cara, barulhos e bipes estranhos encerravam as ligações misteriosamente. Depois de quinze minutos tentando, finalmente desisti. Olhei ao meu redor e só havia um taxista ainda lá, olhando para mim com olhos de cachorro pidão. Caminhei na direção dele e lhe pedi que me ajudasse com as malas. Ele disse:

— Claro, claro! Siga-me. Meu táxi está fora do aeroporto porque não somos autorizados a estacionar por aqui. Passe suas malas; elas me parecem pesadas.

Recalculando a rota

Começamos a caminhar em ruas horríveis, cinza, sujas, cheias de ratos. Vi gente fumando crack, algumas pessoas dormindo nas calçadas e outras pedindo dinheiro. Sentia muito medo! Comecei a duvidar de que aquele cara fosse mesmo um taxista e pensei estar a caminho de minha própria morte, mas também sentia medo demais para voltar ao aeroporto sozinha por aquelas ruas. Finalmente chegamos ao carro. Ele não era branco e verde como todos os outros táxis que eu havia visto no aeroporto. Era prata e parecia um carro normal. Apavorada, pedi ao motorista que me mostrasse seus registros de taxista, e deparei com um monte de papéis escaneados com cara de falsificados. Naquele momento, fechei os olhos e coloquei minha vida nas mãos de Deus. Lágrimas escorriam pelo meu rosto, meu corpo inteiro tremia e acho que nunca na vida havia sentido tanto medo como naquele momento. O taxista dirigia pelas ruas escuras, e eu não tinha nenhuma ideia de onde estava: não havia pesquisado sobre a cidade nem olhado mapas. Aquele homem poderia me levar para onde ele quisesse, pois eu nunca conseguiria me localizar sozinha. Lembro-me de olhar as placas, mas elas não faziam sentido algum; nenhuma delas dizia algo óbvio como "centro" ou coisa do gênero.

— Então... para onde você vai?

— Estou procurando um hotel barato e não muito longe do aeroporto, já que estarei de volta em três dias para buscar minha mãe, que está chegando.

— Não, não. Hotel barato perto do aeroporto? É muito perigoso. Você não poderá sair nas ruas, ou será estuprada.

— Estuprada?

— Sim! Uma loira como você andando por estas ruas pode ser muito perigoso. Coisas inacreditáveis acontecem todos os dias nesta cidade.

Então começou a me contar todo tipo de histórias amedrontadoras.

– Bom. Sabe o quê? Que se dane. Me leve para um ótimo hotel, em uma ótima área da cidade onde eu possa andar tranquilamente nas ruas, sem ser estuprada.

– Sim, claro. É uma boa ideia. Vou levá-la para um hotel que conheço.

– Sim. Por favor.

A essa altura eu já não sabia o que pensar. Tudo o que ele tinha dito me soava horripilante. Já não sabia se ele estava sendo irônico, se estava tentando me amedrontar ou o quê. Só notava que o carro não parava de rodar, e eu não via nada familiar, nenhum nome conhecido, nenhuma loja ou marca, um hotel de rede, nada. As lágrimas escorriam silenciosas e impossíveis de conter, o coração batia acelerado. Acho que ele notou o meu medo, mas não estava fazendo nada para que eu me sentisse melhor. Era como se detivesse o poder de me aterrorizar e se divertisse com isso. Tudo o que ele falava poderia ser interpretado com ambiguidade. Eu não parava de pensar que, se alguma coisa acontecesse comigo, ninguém no mundo jamais saberia. Eu seria somente uma dessas pessoas que desaparecem para sempre, sem deixar rastro. Nunca encontrariam meu corpo. Pensava muito em minha mãe, que levaria muitos anos para se recuperar de uma situação traumática como essa. Pensava mais nela do que em mim... A cada curva achava que alguma coisa horrível aconteceria. *E se ele parar o carro? Devo correr? Devo lutar? Devo gritar? Mas correr para onde nestas ruas escuras?* Tudo o que você pode imaginar passou pela minha cabeça naquela noite, todas as cenas de filme de terror guardadas involuntariamente pelo meu inconsciente vieram à tona. *Sexta-feira 13* em seu melhor!

Recalculando a rota

Depois de mais de trinta minutos naquele carro, comecei a pressionar o cara e reclamar da distância. "Já estamos chegando", ele disse. Mas nada ainda me parecia familiar. De repente comecei a ver umas luzes, e logo o carro parou em frente de um hotel com cara de barato, mas em uma área boa da cidade. Eu só queria sair correndo o mais rápido possível e trancar-me em um quarto, aliviada pelo fim daquele pesadelo.

Até as recepcionistas ficaram surpresas ao ver uma jovem chegando sozinha naquele horário. Deram-me todo tipo de recomendações e dicas de segurança. Parecia-me que todas as pessoas que me olhavam podiam ver todos os males que estavam para me acontecer naquela cidade maldita. Assim que tranquei a porta do meu quarto, entrei em um processo convulsivo de choro profundo. Não era um chorinho leve do tipo "pronto, passou!", mas, sim, um choro desesperado como em uma daquelas experiências de quase morte que mudam drasticamente a forma de ver a vida; como se ela estivesse querendo lhe dizer alguma coisa: "Menina, você é pó ao vento... Sua vida não vale nada. Você pode simplesmente desaparecer de um minuto para o outro. Não seja estaególatra arrogante que pensa saber tudo na vida. Você não é nada, nem ninguém. Pode sumir em um piscar de olhos".

Foi uma lição e tanto. Dei-me conta de tantas coisas sobre mim naquela noite! Pensei muito. Eu costumava julgar bastante as pessoas que tinham medo de viajar sozinhas. Achava-as fracas, dependentes e sem valor. Achava-me grande coisa porque fazia isso o tempo todo e nunca me imaginei passando por tal desespero. Tive vergonha de mim, por ter sentido tanto medo. Achava que eu tinha que ser uma supermulher, desbravando mundos sem pestanejar.

Alana Trauczynski

> Tudo o que fiz na vida foi por causa do medo de ser medíocre.
>
> **Chet Atkins**

"A coragem é um medo escondido", li certa vez em um blog. Pareceu-me verdade no momento. Dei-me conta de que eu tinha o hábito constante de me testar, colocando-me nas mais perigosas e inseguras situações, para que pudesse vencer meus próprios medos. Também me dei conta de que o medo não era um sentimento permitido na minha casa durante a infância. Nós tínhamos que ser corajosos! Nada de fazer manha, nada de ter medo de coisas bobas. Isso não era visto com bons olhos, principalmente pelo meu pai. Mas meu coração estava invadido, repleto de medo. Essa coragem toda era só a minha forma de lidar com ele, de fingir sua inexistência.

Os três dias antes de minha mãe chegar foram horríveis. Realmente pirei. Tive ataques de pânico e estava morrendo de medo de coisas totalmente normais, como caminhar nas ruas e ir à banca de revistas. Parecia que eu atraía olhares maldosos. Não consegui aproveitar nada nem explorei o local como faria normalmente. Aquela cidade me pareceu um trem fantasma de onde eu queria sair o mais rápido possível. Tive que engolir minha arrogância e começar a olhar com compaixão para as outras pessoas que também se sentiam assim.

Ver minha mãe no aeroporto me encheu de felicidade. Abracei-a como se fosse o último ser humano vivo sobre a face da Terra. Um rosto familiar era tudo de que eu precisava. Passamos alguns dias agradáveis viajando para cidades do interior, mas choveu a maior parte do tempo. Talvez não fosse minha hora de estar lá. Tenho que voltar um dia e lavar todas essas más impressões. Não foi culpa do México. Eu apenas estava projetando minha situação interior.

. . .

Meu voo de volta para o Brasil partia de Los Angeles, e, portanto, era lá que eu tinha que passar uma noite antes de embarcar. Falei com o Joey pela internet, e ele me disse que iria me encontrar para passar a última noite comigo. Eu não poderia estar mais empolgada. Logo que saí do avião, eu o vi através do vidro e ambos corremos para nos encontrar nas escadas rolantes, como em uma cena de filme. Meu amor correndo na minha direção para um beijo apaixonado no aeroporto: outro rostinho familiar que me fazia extremamente feliz.

Achei que passaríamos uma noite romântica em um hotel maravilhoso, mas nada era assim tão fácil quando se tratava do Joey. O carro dele quebrou antes mesmo de sairmos do aeroporto, e passamos 5 das 24 horas que tínhamos juntos tentando consertá-lo. No final, não podíamos nos afastar muito do aeroporto, já que retornaríamos para lá dentro de algumas horas e não queríamos desperdiçá-las mais ainda no trânsito. Basicamente, passamos nossa última noite juntos em um daqueles hotéis americanos baratos perto do aeroporto, mas nosso amor era tão intenso que mesmo assim foi como um dia no paraíso.

Compartilhamos nossos sentimentos mais intensos, contamos segredos e falamos sobre a vida. O Joey me fazia sentir presente. Quando estava com ele, não havia outro lugar no mundo onde eu preferiria estar. Sentia-me completa. Sentia uma felicidade infinita. Como poderia ir embora, agora que finalmente conhecia o amor e era invadida pela saudade daquele homem até enquanto um de nós ia ao banheiro? Não foi fácil, vou contar. Tive que confiar nele quando disse que iria me encontrar assim que pudesse. O último beijo foi doce e dolorido. Doía em profundezas que nem sabia existirem em meu coração. Comecei a chorar imediatamente, e mais uma vez o medo invadiu meus pensamentos: medo de nunca mais vê-lo, medo de voltar para casa, medo de que ele fosse a razão da minha felicidade e de que se tornasse impossível ser feliz sem ele. Medo de voltar a ser a moribunda miserável que eu era antes de viajar. Mas agora, ao menos, eu sabia ser capaz de amar... E, além do mais, ninguém nesta vida deve ser responsável pela nossa felicidade, apenas nós mesmos. Talvez você já tenha ouvido esta frase: "Se você ama alguém, deixe que se vá... Se voltar, é porque realmente o conquistou. Se não voltar, é porque nunca o teve". Precisei confiar na vida... E acreditar que ela o traria de volta para mim.

    O avião decolou durante o pôr do sol... um clássico *sunset* laranja-amarelado da Califórnia. Foi doloroso. Não conseguia parar de chorar. As horas passavam, e eu ainda chorando silenciosamente. Todos ao meu redor pensaram que eu tinha muito medo de avião. Olhavam para mim e diziam: "Não se preocupe! Você vai ficar bem!".

    Eu não conseguia nem responder a eles, mas pensava: *Não tenho tanta certeza!*

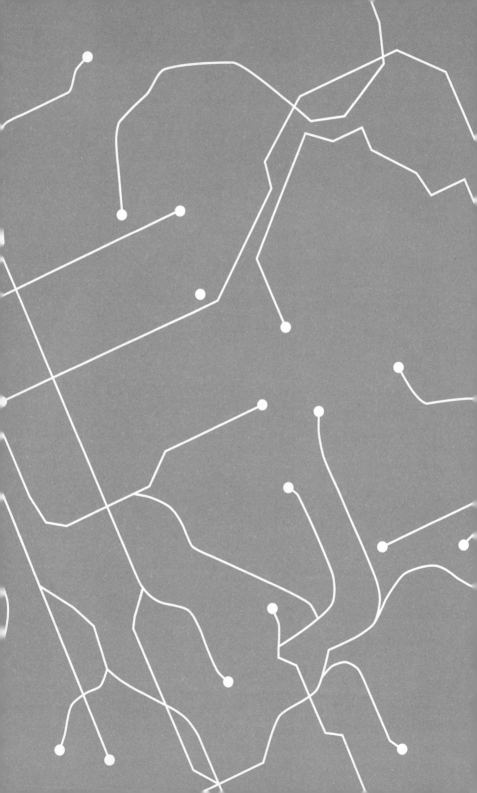

O estresse é um dos maiores vilões

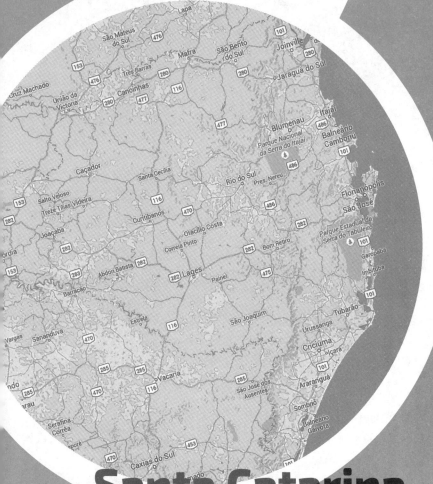

Santa Catarina,
BRASIL

Tanta saudade
DJAVAN E CHICO BUARQUE

Procurei uma saída
O amor não tem
Estava ficando louco
Louco, louco de querer bem
Quis chegar até o limite
De uma paixão
Baldear o oceano
Com a minha mão
Encontrar o sal da vida
E a solidão
Esgotar o apetite
Todo o apetite do coração

Os seis meses que passamos separados foram como um tempo de espera na minha vida. Como se eu estivesse ao telefone com a operadora e aquela musiquinha infernal tocando ao fundo. Até voltei para a faculdade e toquei minha vida, mas continuamente era inundada pela sensação de que não estava realmente presente em nada. Meu coração havia ficado na Califórnia. Passava horas com minhas antigas companheiras de viagem relembrando as festas e os momentos maravilhosos que compartilhamos. O passado me parecia infinitamente melhor que o presente. A experiência foi tão intensa que ninguém que não participou dela poderia compreender.

Alana Trauczynski

A Juju, uma das meninas que moravam com a gente, até casou com um dos gringos que visitavam nossa casa em Davis. Ele veio para o Brasil e nunca mais voltou. Isso me fez pensar no quanto todas essas viagens interferem nos destinos das pessoas. Ao menos, no de todas aquelas que estão abertas para viver o que há para ser vivido.

Nessa época, fiquei muito amiga de uma prima minha, Ana Paula. Eu morava em um apartamento logo abaixo do dela e estávamos sempre juntas, conversando longas horas sobre nossas expectativas de vida (e quanto elas continuavam indo por água abaixo) e nossa visão do futuro. Pensávamos de modo muito parecido, e ela era o meu ombro amigo para chorar as mágoas, as saudades que sentia do Joey e quanto a vida não fazia sentido sem ele. Ana Paula virou a testemunha de minhas infinitas noites chorando na frente do computador enquanto lia os e-mails do Joey, ou falando ao telefone. Especialmente depois de uma ou duas taças de vinho, quando eu ficava ainda mais sensível. Era sempre a mesma coisa: ele me contava da saudade que sentia, de quanto me amava e de quanto dinheiro faltava para comprar a maldita passagem. Nós contamos centavo por centavo daquele bilhete!

Mas continuei vivendo a minha vida, caminhando na orla pela manhã, indo para a faculdade à noite, fazendo projetos, saindo para a balada. Não estava trabalhando nessa época. Eu tinha trazido dinheiro dos Estados Unidos, e meus pais me ajudavam a pagar as contas.

> *Às vezes, quando falta uma pessoa, o mundo inteiro parece desabitado.*
> **Alphonse de Lamartine**

Durante toda a minha vida senti saudade de muitas pessoas. Tenho uma família em casa e outra espalhada pelo mundo, dezenas de amigos de todos os países imagináveis e pessoas especiais que conheci por todos os lugares por onde passei. Certamente existem mais pessoas das quais sinto falta do que pessoas com quem convivo. Elas estão guardadas em algum lugar especial do meu coração, e eu sempre fico esperando o dia em que nossos caminhos irão se cruzar novamente. É uma boa sensação saber que posso viajar para diversos países e sempre ver um rostinho familiar, mas é também uma grande fonte de nostalgia. Penso muito nos "velhos tempos" e olho demais para as minhas fotografias. A saudade que eu sentia do Joey, no entanto, não era nostálgica ou saudosista: parecia uma facada constante no coração, sem exagero.

Mas era hora de voltar para a minha rotina, para a realidade. Eu não estava realmente satisfeita com a minha escolha de faculdade, mas também não tinha nem ideia de que outro curso fazer, então decidi pelo mais simples: terminar o que havia começado. As aulas me pareciam inúteis e sem propósito, um monte de porcarias para decorar e passar na prova sem usar o raciocínio.

Um dia, finalmente recebi a ligação tão esperada:

– Alana, minha querida. Comprei a passagem! Nosso sonho é real agora. Estou indo ao Brasil. Não consegui comprar para antes do Natal, mas ao menos chego a tempo de passar o Réveillon com você.

– Sério, amor? Essa era a melhor coisa que você poderia me dizer neste momento. Estou muito feliz e ansiosa.

– Eu também. Agora só tenho que trabalhar bastante e economizar dinheiro para levar, mas isso é secundário... O importante é que vamos estar juntos novamente.

Alana Trauczynski

O resto do ano 2000 foi marcado por uma intensa ansiedade. Eu só queria que o ano terminasse logo para poder novamente me sentir completa. Tinha certeza de que a minha felicidade dependia de Joey, pois a vida sem ele era ruim demais. Eu estava fixada no "casal lindo" que formávamos e nem aí para a minha identidade própria. Mas foi o meu primeiro amor, e isso deve ser perdoável.

No começo de dezembro, comecei a trabalhar em um hotel de frente para o mar, perto da casa de praia dos meus pais, o que me distraiu um pouco. Dava para ver o mar de onde fosse. Já falei sobre a minha paixão inexplicável pelo oceano? Ele me hipnotiza loucamente, e olhá-lo me faz lembrar como os meus problemas são pequenos.

O grande dia chegou. Pedi dois dias de folga, comprei uma boa garrafa de champanhe, roupas novas e fui para o aeroporto. O avião estava no horário, e, quando as pessoas começaram a desembarcar, vi um carinha de barba, óculos escuros e gorro (fazendo 40 °C), carregando um skate e uma mochila. Só podia ser o Joey! Abraçamo-nos e beijamo-nos por muito tempo. Era muito surreal vê-lo no Brasil, e eu só conseguia sorrir.

No dia seguinte, ele conheceu meus pais e meus irmãos. Todo mundo estava um pouco tenso a princípio, mas deu tudo certo. Tivemos uma grande festa de Ano-Novo na casa da praia, onde o Joey tocou violão e cantamos. Entramos no mar, bebemos muito champanhe e 2001 começou como tem que ser: um beijo apaixonado, sentimento de felicidade intensa e paz no coração.

> Ninguém pode ser conduzido à felicidade. Ela também não pode ser possuída, adquirida, exaurida ou

consumida. A felicidade é uma experiência espiritual de viver cada minuto com amor, graça e gratidão.

Denis Waitley

Os anos que se seguiram foram alguns dos mais felizes da minha vida. Os buscadores da verdade também precisam de um *break* de vez em quando. É necessário saber que se pode ser 100% feliz sem nenhuma razão especial. Não estava ganhando rios de dinheiro, nem completamente realizada na minha carreira, nem famosa. Não tinha helicóptero, propriedades milionárias ou nada externo que me pudesse fazer uma pessoa artificialmente feliz. Estava apaixonada, é verdade. Um amor profundo, livre e seguro. Ele não era rico, nem lindo, nem famoso, nem mesmo tinha um futuro promissor. Mas esse amor me colocou em um estado alterado de consciência e presença, quase como um "*high*" natural. Aquela era, na verdade, a razão da minha felicidade.

Acho que ser feliz tem muito a ver com estar vivendo o momento presente. Satisfazer-nos com o que estamos fazendo, apreciar as pequenas coisas, olhar o mundo como ele é, não pensar tanto no futuro e viver intensamente cada minuto, em estado de graça. Isso não quer dizer que eu não planejasse a vida ou não pensasse no futuro, mas somente que não me sentia tão identificada com ele. Se a maré me levasse para algum outro lado... iria com ela. Não estava presa às convenções, a como deveria ser, quanto deveria ganhar, o que deveria ter. Aceitava a vida como ela se manifestava para mim, em um constante exercício de abandonar friamente os julgamentos, certos objetivos e algumas mágoas. Nem sempre o que a nossa mente quer para nós é o melhor que pode acontecer. Eu, por exemplo, não sabia ao certo por que era feliz. Apenas era. Mas nada na vida é constante. O sonho de ser feliz em tempo integral depende da nossa disposição em aceitar as coisas ruins, os sentimentos obscuros e todos os nossos conflitos como circunstâncias normais, olhando--os e abraçando-os também sem julgamento. Para grande parte das pessoas, a vida é feita de altos e baixos. Os altos caracterizam oportunidades para novas experiências, ser grato e aproveitar. Os baixos, por sua vez, são oportunidades para que possamos aprofundar nossos conhecimentos, rever nossos conceitos, aprender e evoluir. Se realmente forem vistos, analisados e aproveitados como oportunidade, tornarão sua vida mais fácil, menos sofrida e menos complicada. Isso é útil. Mas fazer-se de vítima, reclamar e tentar negar é inútil. As coisas só tenderão a piorar. A vida terá que escolher caminhos cada vez mais difíceis e duros para fazê-lo enxergar sua responsabilidade por tudo o que acontece com você. Nunca ouviu falar de histórias de pessoas que sobreviveram ao câncer e se tornaram muito mais felizes? Pessoas que andam de cadeira de rodas com um tremendo sorriso no rosto? Pessoas que passaram por experiências de quase morte que mudaram a forma como veem o mundo? Pessoas limitadas que agradecem a Deus e à vida o que aconteceu com elas? Essas pessoas resolveram se abrir para uma nova oportunidade que a vida lhes apresentou e aprender com isso, evoluir, abraçar novas circunstâncias, viver novas realidades. Em grande parte das vezes, elas se tornam mais felizes em uma posição muito menos privilegiada. Escolheram tocar a bola para a frente, foram corajosas de verdade! A consciência faz com que não tenhamos que chegar a fins tão drásticos para aprender as lições da vida. É isto que busco: aprender por meio do amor, por meio do sentir-se bem, sem sofrimento. Será possível?

. . .

Nessa época, o Joey e eu estávamos dando aulas de inglês. Primeiro em escolas diferentes, mas depois ele foi contratado pela escola onde eu trabalhava. A maior parte da minha vida com o Joey era ensolarada: melhores amigos, grandes amantes, confiávamos um no outro completamente. Vivíamos em um estado constante de aventura e diversão. Eu podia contar com ele para absolutamente qualquer coisa, e ele sabia que podia contar comigo. Formávamos o casal perfeito, sempre rindo e em harmonia. Ele tocava violão e dedicava músicas para mim... Eu fazia surpresas, comprava-lhe presentinhos, acendia velas e demonstrava o amor do meu jeito. A gente se divertia muito junto, não importava onde. Nas festas, muitas vezes ficava um para cada lado: eu com as amigas; ele com os amigos. Estávamos juntos, mas éramos completamente independentes e autossuficientes. Bastava um olhar para o outro para nos entendermos perfeitamente, como um espelho.

. . .

Tornamo-nos grandes amigos de outro americano que também veio para o Brasil atrás da namorada. O nome dele era Colby. Estávamos sempre juntos e, no final das contas, como o namoro deles não deu certo, o Colby se mudou para o quarto que estava sobrando no nosso apartamento. Eles começaram uma banda de reggae que tocava em bares e festas. Eu era a loirinha desavisada atrás da banda, cantando e tocando pandeiro com tanta ênfase e com um sorriso tão grande que ninguém tinha coragem de dizer que estava fora de compasso. A gente fez muita festa, porém não mais assumindo um comportamento destrutivo como já ocorrera anteriormente. Era aproveitar a vida, ser feliz, divertir-se! Ninguém estava tentando escapar da realidade, mas, sim, vivê-la intensamente. De fato, eu amava minha realidade. As festas eram só uma consequência do fato de ser jovem, aproveitar a vida e fazer novos amigos. Acho que, se esse é o espírito, tudo é muito saudável e pertinente, desde que exista autocontrole.

Nossa vida era perfeita. Vivíamos a menos de uma quadra da praia, trabalhávamos em uma escola onde todos os funcionários eram legais e viajados, tínhamos muitos amigos e uma vida social de fazer inveja. Meus irmãos ensinaram o Joey a surfar, e ele começou a fazê-lo todos os dias, enquanto eu dava longas caminhadas pela praia ou ia para a academia. Às vezes a gente só alugava um filme, fazia pipoca e ficava abraçadinho no sofá. Eram dias tão felizes quanto uma bela balada. Minha família gostava muito dele, e todos pensávamos que seria eterno, que era o amor da minha vida. O engraçado é que, quando chegou ao Brasil, ele sempre foi descrito como o "Joey, namorado da Alana", mas alguns meses depois eu é que estava sendo descrita como a "Alana, namorada do Joey". Ele realmente sabia como fazer amigos. Tinha uma aura de diversão e verdade ao seu redor, era puro, transparente, e todos se sentiam muito bem perto dele. Mesmo com o sotaque evidente, ele era perfeitamente compreendido e se virava muito bem sozinho.

Tudo parecia bom demais em todas as áreas da minha vida, e é aí que, quando não há consciência, as coisas podem ficar perigosas. De repente, comecei a me sentir superior aos outros e meu ego trairia meu espírito mais uma vez. Sempre julguei as pessoas por não correrem atrás do que queriam; achava que eram todas preguiçosas e sem iniciativa, estúpidas, lentas, incompetentes e conformistas. Eu era muito melhor! Eu corria atrás do que queria, batalhava por meus sonhos, perseguia meus objetivos, fazia tudo o que fosse preciso para ser bem-sucedida na vida.

Mas, como nada é constante, as coisas começaram a ficar difíceis durante meus últimos semestres de faculdade. Para a conclusão do curso, o último requisito exigia a apresentação de um projeto completo de um resort, que terminou em mais de setecentas páginas. Incluía o conceito, projeto arquitetônico, custos, plano de marketing, uniformes e cálculo de viabilidade. Além de trabalhar das 8 às 17h, eu ia para a faculdade das 19 às 22h e depois direto para a casa de uma das colegas do grupo para trabalhar no projeto das 22 até 1h da manhã, às vezes até mais. Então acordava no dia seguinte e começava tudo de novo. Também tínhamos que nos encontrar nos fins de semana, várias vezes, além de dar aulas no sábado de manhã. Não sobrava tempo para respirar, exercitar-me, viajar, ler, dormir, ver filmes, para nada prazeroso. Era uma rotina louca e desgastante.

Logo comecei a me sentir incapaz de continuar nesse ritmo. Eu estava brava, raivosa, considerava-me uma grande vítima da vida e odiava todo mundo que tinha tempo de aproveitá-la, começando por aqueles mais próximos: o próprio Joey, por exemplo! Eu extravasava nele todas as minhas frustrações, tratava-o mal e odiava-o por ser e estar feliz. Nossas brigas tornaram-se parte da rotina, e, mesmo que houvesse muito amor envolvido, as coisas começaram a ir de mal a pior.

Hoje olho para trás e reconheço que errei, mas não perco tempo julgando-me. Eu era só uma mente inconsciente que destruía tudo ao seu redor, sem piedade. Trabalhar na mesma escola, no final, também não foi uma boa ideia. Passávamos 24 horas por dia juntos e eu virei chefe dele, o que também afetou muito o relacionamento. Tínhamos um ou outro dia bom, quando conseguíamos lembrar o porquê de sermos um casal e de quanto nos amávamos, mas eles estavam se tornando cada vez mais escassos.

Nosso projeto de graduação ficou em primeiro lugar entre todos. Eu também estava trabalhando como assistente de coordenação na escola, e tudo na minha vida profissional andava muito bem. Mas meu relacionamento tomava o rumo contrário.

. . .

O passo seguinte para a formatura era uma experiência de trabalho em um hotel e a produção de um projeto centrado nele. Escolhi um hotel-fazenda no litoral, um lugar maravilhoso, com poucos quartos, muito perto da praia, onde se pode aproveitar o melhor dos dois mundos: fazenda e praia, combinadas lindamente com belíssimas paisagens. Em tese, eu trabalharia lá durante três meses, passando por todos os departamentos e vivendo a rotina de cada um deles, mas minha atividade principal seria comandar o bar da praia, que servia de apoio para os hóspedes e também era aberto ao público. Era lá onde eu me encontrava todos os dias, das 9 às 18h.

Mesmo que no lugar houvesse bastante potencial, eles nunca haviam lucrado muito nos últimos anos. Eu, festeira por natureza, comecei a me dar conta de que não havia muito para se fazer naquela praia durante a noite. Se eu fosse uma hóspede, odiaria ter que ir dormir ou ver TV depois do jantar. Então pensei em manter o bar aberto até mais tarde, para promover festas especiais e luaus. Prestei atenção no monte de gente jovem na praia e percebi que poderia realmente dar certo. No outro dia, com panfletos para deixar no para-brisa dos carros e cartazes para colar em locais movimentados, saí pessoalmente convidando as pessoas pela praia, decorei o bar com velas e panos coloridos, mandei fazer uma fogueira e contratei uma bandinha acústica de amigos. Às 20h tivemos um tempinho para tomar banho e voltar animados para a noite. A cozinha estava fechada e havia três pessoas trabalhando no bar quando nossos novos frequentadores começaram a chegar. Hóspedes, não hóspedes, nativos, estrangeiros, todo mundo foi ao luau naquela noite. Tivemos que chamar mais gente para trabalhar porque vendemos absolutamente tudo o que havia estocado ali: cada garrafa de cerveja, uísque, vodca, refrigerante, água, energético, tudo! Até o licor de menta que estava dando sopa na prateleira havia cinco anos foi vendido.

A festa foi um sucesso absoluto e não estávamos preparados para isso. Era quase manhã, e eu me sentia tão cansada que mal conseguia andar, mas ainda assim tivemos que fechar tudo, limpar a bagunça, estocar, fazer a contabilidade e deixar as coisas prontas para o dia seguinte, que começava em algumas horas. Você pode imaginar a nossa cara ao voltar pela manhã, depois de dormir somente duas horas. Mas valeu muito a pena, porque lucramos mais em uma noite do que se lucrava em quase um mês inteiro. O sucesso foi tanto que decidimos abrir o bar diversas noites na semana, e todas foram muito bem-sucedidas. Convidei uma amiga chamada Lily para me ajudar no serviço.

Alana Trauczynski

Durante todo o período em que estive no hotel, o Joey tinha ficado na cidade, mas, como eu sentia muita saudade dele, convidei-o também para trabalhar de barman em alguns eventos. Mais uma vez eu era chefe e isso não estava dando muito certo. A gente brigava muito, ele ignorava minhas ordens e fingia não escutar o que eu dizia. O que um dia tinha sido diversão pura havia se tornado estressante e cansativo. Eu estava trabalhando mais de 55 horas por semana e não percebia que tanto trabalho estava me fazendo mal. Não dormia o suficiente, fumava e bebia demais e trabalhava, às vezes, 20 horas seguidas nos fins de semana. Além disso, bebia café a rodo, comia muito mal e brigava demais com meus subordinados. Não me dava conta de que não estava aguentando e queria mostrar para todo mundo quanto era competente, sem me dar conta do mal que estava causando à minha saúde. A partir daí, o local de trabalho foi ficando com um clima pesado, e obviamente essa realidade começou a se refletir no nosso serviço, que decaiu muito no final do verão. Isso sem falar do meu namoro, que ia de mal a pior.

Em uma dessas noites, com o bar lotado, depois de beber muito e tomar pílulas energéticas para conseguir ficar em pé a noite toda, fechamos o bar, limpamos tudo, estocamos e eu saí caminhando em direção à praia para me deitar na areia, olhar para a lua e relaxar por um minuto, antes de voltar para casa, dormir por algumas horas e recomeçar tudo. Eu estava me sentindo tão exausta que pensava em dormir por ali mesmo. E estava com vontade de chorar. De repente, alguém chegou andando rápido e chutando areia sem querer na minha cara, aos berros:

— Puta que pariu, Alana. O que você está fazendo? Tá todo mundo tão cansado quanto você e todos querem ir pra casa,

mas não podem porque você desapareceu com a maldita chave sem avisar ninguém... Que merda, hein?
Só podia ser o Joey. Ninguém mais teria coragem de falar comigo desse jeito. Eu queria trucidá-lo por destruir o meu momento com tanta intensidade. Então, possuída por uma força destrutiva, berrei de volta:
– Cala a tua boca, seu idiota! Eu não trouxe a porra da chave. Deve estar no mesmo lugar onde a gente sempre deixa; se não está lá é porque algum outro idiota incompetente deixou de usar o cérebro, e isso não é culpa minha!
Levantei-me imediatamente e comecei a caminhar em direção ao carro. Eu só queria sair dali. Quando a gente voltou, alguém já tinha achado a chave e estavam todos de saída. Eu e o Joey continuamos brigando, falando de tudo um para o outro, ofendendo sem piedade, até o momento em que ele parou o carro no meio do nada e saiu, enquanto berrava:
– Não consigo mais lidar com você. Você virou uma pentelha insuportável. Não reconheço em você a mulher por quem me apaixonei faz muito tempo. Vá se foder! Vou caminhando até a casa...
– Vá se foder você, Joey! Não tô nem aí... Pode ir caminhando pra casa, só me dê a porra da chave, que este carro é meu, merda!
– Corri na direção dele para pegar as chaves, mas nós estávamos em tal estado de raiva que ele pensou que eu fosse agredi-lo.
– Ah é? Você vai me bater agora? É só o que me falta mesmo... Então me bate, que eu quero ver... Bate aqui ó! – ele disse já com a mão na bochecha indicando o lugar, e lasquei-lhe a mão, com força, sem pensar.
– Não acredito. Não posso acreditar que você fez isso. Faça de novo! – Ele me mostrou a outra bochecha, e eu bati novamente. Esse foi o momento em que nós nos olhamos nos olhos

e sabíamos que tudo estava terminantemente acabado. Nunca poderíamos voltar a ficar juntos depois de tamanho desrespeito.

Peguei as chaves e dirigi para a casa chorando desesperadamente, como em um filme de terror, escapando de um monstro horrível. Mas, naquele momento, eu sabia que o monstro era eu e não havia jeito de escapar. Eu estava condenada a me sentir culpada pelo tempo que fosse necessário, até que ele me perdoasse.

Esperei Joey chegar em casa e tentei conversar, mas ele não quis ouvir uma palavra. Fez as malas e foi dormir na rede, no lado de fora. Chorei até dormir. Estava muito cansada.

No dia seguinte acordei pensando: *Meu Deus, o que foi que eu fiz ontem à noite?* E tudo me voltou à memória. Já estava atrasada para o trabalho, mas, sem qualquer condição mental ou física, pedi a Lily que fosse gerente por um dia. Eu realmente precisava descansar e recuperar meu equilíbrio. O Joey disse que estava voltando para a cidade e logo para os Estados Unidos. A gente conseguiu conversar como adultos, e eu lhe pedi perdão. Disse que sabia que absolutamente nada no mundo justificaria minha ação e que esperava o perdão dele, já que me conhecia bem o suficiente para saber que eu estava muito distante de quem eu era. Ele concordou comigo e disse que me perdoaria, embora precisasse de um tempo. Tinha que pegar um ar fresco e distanciar-se de mim. Só me restou concordar.

Dei-me conta de que aquela experiência de trabalho teria sido excelente se eu não ficasse tão obcecada em ir além dos meus limites para provar o meu valor e a minha competência. Se eu tivesse ficado um pouco mais atenta a toda a loucura que a minha necessidade de autoafirmação estava gerando.

Três meses se passaram e no final do verão tudo se tranquilizou, mas terminei doente, estressada e sozinha. Valeu a pena? Eles realmente me viram como alguém especial, além de uma louca, descontrolada e histérica? Não sei. Acho que as minhas atitudes descompensadas acabaram anulando o bom trabalho que havia feito e também todos os meus esforços. A vida tem suas formas de nos ensinar grandes lições, e elas são todas válidas.

Voltei para a casa da praia por umas duas semanas antes de começarem as aulas novamente. Foi a minha recompensa depois de um verão tão intenso. Coloquei meu biquíni, fui pro mar e fiquei boiando por horas olhando para o céu e as nuvens, numa tentativa desesperada de esvaziar a mente. Então me deitei numa toalha ao sol e adormeci profundamente. "Respire, Alana, respire! Alinhe-se novamente com a sua verdade!", repetia para mim mesma.

. . . .

O Joey realmente foi embora. Ele me perdoou e terminamos como amigos. Seremos certamente amigos para sempre. Dividimos tantos momentos inesquecíveis e fomos parceiros de tantas histórias. Como deixar de amar uma pessoa assim? Não entendo isso. Como as pessoas dizem que amam alguém e, depois de uma briga, não amam mais? Não importa se é amor de irmão ou amor romântico... É tudo amor, de um ser humano para outro. Se algum dia foi verdadeiro, deveria ser eterno.

Agora eu também precisava acreditar que esse negócio de "amor da nossa vida" não existe porque, se fosse verdade, eu já teria vivido o meu. Mesmo que estivesse "de volta ao mercado", namorar o Joey parecia ter me amaldiçoado para sempre. Não importava aonde eu fosse, todos os carinhas falavam: "Você

Alana Trauczynski

é a namorada do Joey, né? Onde ele está? Nunca mais o vi...". Eu tinha que dar um sorriso amarelo e dizer: "Não sou mais a namorada dele. Nós terminamos e ele voltou para os Estados Unidos". Eles todos me olhavam com cara de "Como você pôde fazer isso?" e saíam. Não preciso nem dizer que a minha vida amorosa esteve caótica por uns tempos, mas eu não estava preocupada. Nessas épocas, você fica muito feliz por ter amigos, e isso nunca foi um problema para mim. Ao longo da minha vida, sempre fui dessas pessoas que conhecem muita gente. Pra todo lugar a que eu ia, sempre havia alguém para ver, alguém para quem ligar. Foi nesse momento, no entanto, que aprendi que conhecer muita gente não significa necessariamente ter muitos amigos.

Amigos e amigas me decepcionaram, um após o outro, até o ponto em que me encontrei *best friendless*. Todos os meus bons amigos saíram para viajar o mundo ou moravam muito longe para compartilhar intimidades. Aquele era um processo que havia começado algum tempo antes, só que nunca fora tão difícil, porque ao menos antes havia o Joey, que era meu melhor amigo de todos os tempos. Além disso, percebi que tinha muitos conhecidos, amigos de balada e companheiros de trabalho, mas ninguém em quem eu realmente confiasse ou com quem pudesse contar de verdade, além da minha família. Isso mexeu comigo. Eu, que sempre valorizei as amizades como se fossem sagradas, vi que, enquanto temos algo para oferecer, abundam pessoas ao nosso redor, mas, quando precisamos de alguma coisa, todos estão muito ocupados, muito cansados ou muito imersos nos próprios problemas.

Tive muitas conversas com a minha mãe sobre esse assunto, e ela me disse: "Nesta vida, no final das contas, você está sempre sozinha, minha filha... Considere-se sortuda por poder contar ao menos com a sua família. Muita gente nem isso tem. A maioria das pessoas está tão afundada na própria inconsciência e loucura que não tem condição nenhuma de se preocupar com os outros. E nem é culpa de ninguém, nada disso. Apenas não sabem que há outra maneira de ser. Ao longo da sua vida, se você puder contar em uma mão o número de amigos verdadeiros que teve, considere-se muito bem-sucedida!".

Achei tudo isso de um pessimismo terrível, mas hoje, olhando sem julgamento, vejo verdade nessas palavras. É um processo muito humano e natural, nada de errado. Tudo o que temos que fazer é nos conhecer e deixar para trás a crença de que precisamos das outras pessoas. Somos completos e perfeitos, mas não sabemos disso. É claro que existem pessoas que podem apontar o caminho ou dividir a estrada com você, mas, no final, a jornada é sua. E é por isso que os amigos vêm e vão... E é por isso que a nossa felicidade não pode depender de ninguém.

> Velhos amigos se vão, novos amigos aparecem. São como os dias. Um dia velho passa, um novo chega. O importante é torná-los significativos.
> **Dalai Lama**

Foi muito difícil me dar conta dessas coisas, mas, desde que mudei o meu ponto de vista, tenho sofrido menos. Agora aproveito as pessoas que estão caminhando comigo, aceitando, sem julgá-las ou depositar nelas expectativas, que podem me decepcionar, ou mesmo que talvez saiam da minha vida a qualquer momento. Apenas gosto de quem são, exatamente como são, e não da imagem mental que fiz delas.

Também acho que existem pessoas que cruzam o seu caminho diversas vezes ou amigos fiéis de toda uma vida. A distância não pode separar esse tipo de amigo porque, independente do tempo que você não o vê, assim que o encontra é como se nunca tivessem se distanciado. Estes, sim, merecem ser vistos como sagrados.

. . .

De volta à minha vida... Continuava dando aulas de inglês, francês e participando da coordenação da escola. Foi o meu último semestre na faculdade, e eu não aguentava mais esperar o dia da formatura. Minha amiga Lily tinha ido viver em Barcelona e me convidou para acompanhá-la. Disse que morava em um apartamento perto de Barceloneta e estava gerenciando um bar. Também disse que eu conseguiria um trabalho facilmente e que podia morar com ela até encontrarmos um apartamento para nós duas. Comecei a pensar seriamente na hipótese, já que sempre quis viver na Europa por uns tempos antes de começar a trabalhar de fato. Mas, estranhamente, a ideia não me empolgou tanto. Tinha a impressão de que não seria uma boa experiência, meu coração se comprimia quando pensava no assunto... Como sempre, o meu vazio interno fazia com que eu tomasse atitudes desse tipo, fugindo em vez de olhar com sinceridade para mim mesma.

. . .

Três dias antes do prazo de entrega do meu TCC, meu computador estragou. E, de alguma forma, estragou também o disquete onde tudo estava salvo. Foi aí que aprendi mais uma lição: essas coisas realmente podem acontecer com você! Chorei por horas e, desesperada, levei a máquina a diversos lugares, mas ninguém foi capaz de recuperá-la. Minha única sorte foi tê-lo imprimido. É claro que faltavam várias alterações e correções, todas as que havia feito ao longo dos últimos dois meses, mas pelo menos era um esqueleto. Contratei uma pessoa para digitá-lo novamente, para só então refazer as alterações de que me lembrava, corrigir tudo e montar a apresentação. O estresse era descomunal, já que ainda precisava trabalhar e cumprir com todas as minhas obrigações. A única frase na minha cabeça era: "Por que nada pode ser fácil para mim?".

É imprescindível aprender a lidar com o estresse. Nossa navegação sempre estará cheia de tempestades. Um bom capitão de sua própria vida permanece calmo em meio ao caos, a única maneira de tomar as decisões certas para dele sair.

Tudo deu certo e eu finalmente era uma bacharela em Turismo e Hotelaria, mas o que queria mesmo era dar o fora novamente e experimentar um pouco mais do que o mundo tinha para me oferecer.

Meu pai estava indo para o sul da Espanha nessa época para participar de um encontro internacional com um mestre sufi. Achei que viajar com ele poderia ser uma excelente ideia para passarmos algum tempo juntos e compartilharmos momentos de intimidade, já que desde a separação dele e da minha mãe nunca havíamos tido muito contato. Depois desse encontro, eu voaria para Barcelona onde moraria com a Lily, que estava ansiosa para me ver. Pedi demissão do meu trabalho, vendi o meu carro e vazei. Para mim, essa sempre foi a parte mais fácil.

Barcelona,
ESPANHA

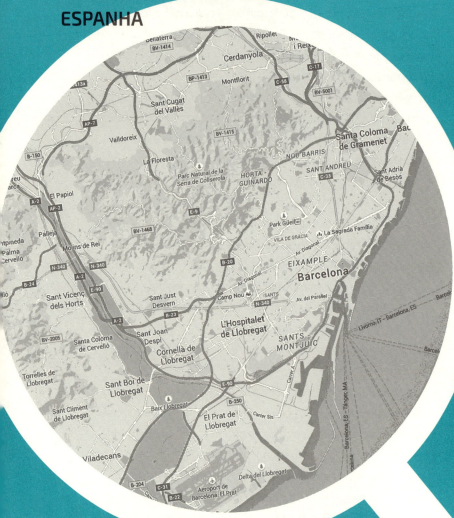

Caminho errado
também é caminho

Tente outra vez
RAUL SEIXAS

Queira
Basta ser sincero e desejar profundo
Você será capaz de sacudir o mundo, vai
Tente outra vez

Tente
E não diga que a vitória está perdida
Se é de batalhas que se vive a vida
Tente outra vez

Estávamos comendo *huevos revueltos* (ovos mexidos) e torradas com café quentinho no pátio do nosso hotel de frente ao rio em Arcos de la Frontera, uma cidadezinha charmosa no sul da Espanha. Eu observava as montanhas, de uma mistura de tons de ocre, em contraste com a água azul, os passarinhos alvoroçados na luta por restos de pão e a beleza do momento. Zero vento, temperatura perfeita, céu azul e o cheiro de café *espresso* misturado com o ar fresco matinal. Respirei profundamente e absorvi aquele momento. Por que às vezes precisamos de uma viagem distante para prestar atenção ao momento presente e à beleza de tudo o que está ao nosso redor? Olhei o meu pai, e ele estava perdido em seu pensamento, os olhos fixos no horizonte. Dava para ver que algo lhe conturbava a mente.

Em vez de acordá-lo para o agora e a beleza incrível daquele instante, eu me perdi junto com ele e meus pensamentos incansáveis me levaram de volta ao inferno: o que vou fazer depois? Com o que trabalharei em Barcelona? Como vou ganhar dinheiro? Deveria mesmo trabalhar em um bar e ter aquela mesma vida manjada? Trabalhar à noite, dormir de dia, beber, estar sempre cansada. Deveria procurar outra coisa melhor? O que isso vai me trazer a longo prazo? Sentirei algum senso de propósito com isso? Blá-blá-blá, o pensamento usual. Céu ou inferno: é tudo uma questão de como encaramos as coisas. Se eu estivesse no presente, olhando para aquele lugar maravilhoso, certamente estaria no céu.

Não tinha ideia do que me aguardava ou do que iria fazer, e isso nunca é uma posição muito confortável. Minha mente estava sempre no futuro, incerta e insegura. Liguei para a Lily várias vezes enquanto estava no sul, e a mensagem dizia que o telefone não aceitava chamadas no momento. Ela era tudo o que eu tinha em Barcelona, meu único contato, a única coisa que estava certa. Ao menos ela havia respondido ao meu e-mail, o que me deixava mais animada, embora eu nunca tivesse conseguido falar com ela ao telefone para confirmar tudo. Não possuía o endereço, não sabia se deveria pegar um táxi ou se ela estaria lá quando eu chegasse. *Bom, ela vai dar um jeito de me informar o que devo fazer*, pensei.

. . .

Era o momento apropriado para pedir direcionamento a um mestre. De fato, eu esperava que ele pudesse fazer os meus problemas desaparecerem, mas não é bem assim que funciona.

Eles podem lhe mostrar flashes do caminho ou colocá-lo de volta nos trilhos, mas nunca farão o seu trabalho. Verdadeiros mestres/gurus/professores nunca se colocam entre você e a Verdade. Encontrá-la cabe a você, e sozinho; eles são somente o dedo que aponta.

Durante esse encontro com o mestre, meu pai teve a oportunidade de conversar com ele sobre as dúvidas que o atordoavam. Eu me sentia apreensiva. Não sabia se falaria, pois estava tão confusa que nem tinha como formular uma pergunta. Desconhecia se meu caso era de um relato ou de uma questão. Mas, certa tarde, enquanto caminhava pelo local em direção ao bar, fitei a cadeira onde ele geralmente se sentava. Nesse instante, ele se virou e me olhou firmemente. Senti que o momento era oportuno. Caminhei em sua direção e disse:

– Vim aqui para dizer que confio e acredito em você.

Ele retrucou:

– Você confia? Por que confiaria em mim?

– Porque tive a oportunidade de ouvi-lo. E, quando você fala, quem escuta é o meu coração. Chorei com suas palavras. E foram lágrimas de alegria vindas do coração.

– Hmmm. Então acho que essa pode ser uma boa razão para confiar.

– Também vim pedir-lhe que me guie. Ando meio perdida neste momento da minha vida e não sei realmente o que quero fazer. Terminei a faculdade e estou indo morar em Barcelona, mas não tenho planos sólidos. Gostaria, se possível, que você me guiasse de alguma forma.

Ele olhou para mim com aquela cara de "você está certa disso?", quase como dizendo: "Garota, você não sabe onde está se metendo!".

Alana Trauczynski

– Faça algo útil. – Então escreveu algumas palavras e fez um sinal com a cabeça deixando claro que eu deveria me retirar. Até hoje fico pensando no que ele disse: fazer algo útil. Foi a primeira dica clara acerca da minha missão.

Meu caminho rumo ao autoconhecimento começou aí, meio que sem eu saber. Também posso dizer que, desse ponto em diante, minha vida ficou muito pior. Digo pior em termos mundanos, porque a gente tende a aprender com o sofrimento. E era claro que estava na hora de eu aprender algumas coisinhas...

Você deve experimentar a escuridão
para conhecer a sua luz.
Debbie Ford

Eu e meu pai tivemos algumas oportunidades de conversar durante a viagem. Comecei a olhá-lo como outro ser humano qualquer, que está procurando respostas e cometendo erros para aprender com eles. A verdade é que, assim como eu, ele também não tinha muita ideia do que estava fazendo. Apenas vivia e fazia o que achava melhor e certo a cada momento. Compreendi o jeito dele. Todas as coisas que sempre critiquei no meu pai eram características minhas também. Pela primeira vez vi como éramos parecidos. Odiava nele aquilo que rejeitava em mim.

Nós dois passamos aqueles dias na Espanha em estado meditativo, rezando muito e vivendo transformações. O processo de tirar os meus pais do pedestal em que os pusera e vê-los como seres humanos caminhando ao meu lado começou ali. Olhava-o com amor em vez de crítica. Parei de culpá-lo por tudo o que estava errado em mim... Isso tirou um baita peso das minhas costas (e das costas dele também!).

Recalculando a rota

Já com minha mãe ainda não havia chegado o momento. Éramos muito mais próximas e psicologicamente envolvidas. Sempre pensei nela como uma mosca irritante zumbindo ao meu redor, dizendo coisas que eu não queria ouvir. Só sentia vontade de sair correndo para não estapear a tal mosquinha. Incomodava-me profundamente. Eu sentia saudades quando estava longe, mas também não queria estar perto. Esse problema ainda estava mal resolvido. Tudo o que ela me dizia tinha uma importância exacerbada que me tirava do eixo, fazendo com que eu já não soubesse se queria algo por mim mesma ou apenas porque ela achava que aquilo seria bom. Precisava me livrar do peso de suas opiniões para saber o que eu queria de fato.

• • •

Lá estava eu no aeroporto, mais uma vez com lágrimas nos olhos. Esta estava se tornando a cena mais repetitiva no filme da minha vida: cada um seguindo seu caminho. No caso, meu pai estava voltando para o Brasil, e eu indo para Barcelona.

– Te cuida muito, minha filha. Eu te amo!

– Também te amo, pai.

Dos olhos dele também ameaçavam transbordar as lágrimas. Senti um mundo de amor por aquele homem. *Que Deus ilumine o teu caminho*, pensei.

> *Tudo o que é externo apenas o satisfará momentânea e superficialmente, mas talvez você precise ter muitas decepções antes de se dar conta disso.*
> **Eckhart Tolle**

O aeroporto de Barcelona estava lotado como eu nunca havia visto em outro lugar. Triste, olhei ao redor e divaguei sobre o que, exatamente, fazia lá. *Por que não foste para casa com o teu paizinho, onde tudo é seguro e confortável? Por que continuas te colocando em situações incertas e inseguras? O que tentas provar? E para quem?* Merda. Liguei para a Lily e adivinhe só... o telefone ainda não estava aceitando chamadas. Eu não tinha o endereço e nem sequer ideia de onde ela morava, não conhecia mais ninguém na cidade, estava cansada e brava comigo mesma. Era começo de agosto de 2003, por volta das 18h. Liguei novamente. Afinal, não havia nada que eu pudesse fazer a não ser ligar. Pensei em fazê-lo até me cansar, então pegaria um táxi até um hotel para passar a noite e pensar no que faria da vida. Liguei novamente. O telefone tocou. O quê? O telefone tocou? Graças a Deus!

– Alanaaaaaaaaaaaaaaaaaaaa!!!!!!!!

– Puta que pariu, Lily! Tenho te ligado há dias sem sucesso. Não sabia o que pensar. Só vim porque tinhas ao menos respondido ao meu e-mail, mas tô muito brava contigo neste momento. O que aconteceu com o teu telefone?

– Guria, me desculpa! Nem sabes tudo o que aconteceu! Roubaram minha bolsa com todo o dinheiro que eu havia recebido e logo depois meu celular quebrou. Eu sabia que estavas tentando ligar, mas não tinha dinheiro para comprar um aparelho novo. Então coloquei meu chip em um telefone que pedi emprestado ainda há pouco, para esperar tua ligação. Estás no aeroporto?

– Sim, estou no aeroporto. Não tinha nenhum outro lugar para ir, né! Estava pirando!

— Mil desculpas, amiga. Por favor! Agora pegue o ônibus em frente ao aeroporto para a Plaza Cataluña. Estarei no ponto te esperando.

— Ok. Você vai ficar com o celular, né? Não ouse devolver esse telefone para seu dono. Preciso poder ligar se não te encontrar...

— Ok! Claro. Não te preocupes. Estarei lá.

Cacete. Sentia um misto de alívio e raiva. Péssimo começo. Finalmente peguei o ônibus e pedi ao motorista que me avisasse quando chegássemos à maldita praça. Porém, já perto dela, vi uma menina correndo ao lado do ônibus, de minissaia e tomando sorvete. Só podia ser a Lily. Ao nos abraçarmos, ela berrou:

— Guriiiiiiiiiia! Tô tão feliz em te ver! Finalmente um rostinho familiar. Não tens ideia de quanta merda vem acontecendo comigo ultimamente.

— Eu poderia dizer o mesmo. Como estão as coisas?

— Ai, Deus! Estou viva, vamos dizer... Mas não vou muito bem. Nem quero falar sobre isso agora. Acabaste de chegar, estou muito feliz! Vamos pegar um táxi e ir pra casa.

— Ok. Nossa! Estou muito cansada e estressada. Vamos para casa.

Pegamos um táxi que nos largou no El Borne, um dos bairros mais antigos da cidade. Não havia rua em frente ao apartamento dela. Para chegar, tivemos que carregar as malas por corredores estreitos e escuros, igrejas antigas e tavernas escondidas.

— Aqui estamos!

Aquilo me parecia a entrada de uma solitária de prisão. Foi difícil carregar as malas pesadas pelos degraus cinzentos e imundos que levavam até o apartamento. Elevador? Nem pensar. Logo na entrada, havia uma foto antiga com molduras douradas de um general fardado, que parecia ficar sempre nos encarando, uma janela que abria para uma parede cinzenta, algumas cadeiras e um banheiro; bem, não era um banheiro completo, apenas uma privada em um quadradinho claustrofóbico. Não se puxava a descarga; estava estragada. Para isso, tinha um balde. O quarto da Lily seria o meu quarto também. Nele, apenas um colchão de casal no chão, um armário entulhado de roupas e uma mesa de cabeceira abarrotada de acessórios, maquiagem, cremes e coisas do gênero. Os três móveis se encostavam, dado o tamanho do cômodo. Não havia espaço sequer para caminhar, a não ser sobre o colchão. Não havia janelas ou aberturas para a luz do sol. Na sala, dois sofás velhos cobertos por lençóis brancos, luzes natalinas como decoração nas paredes e uma grande janela de frente para outro apartamento, a uns dois metros de distância. Fiquei muito preocupada, mais ainda, angustiada e aterrorizada. De forma alguma conseguiria viver por muito tempo em um lugar assim.

 A Lily abriu uma garrafa de vinho barato, sentamo-nos no sofá e colocamos o papo em dia. Eu havia trazido alguns presentes, e ela me contava sobre todas as desgraças que haviam acontecido: duas bolsas roubadas em menos de um mês, um celular roubado, outro quebrado. Além de tudo isso, ela tinha sido despedida e, portanto, estava quebrada, incomunicável e desesperançosa. Agora entendia o porquê de estar tão feliz em me ver... Eu, por outro lado, estava sem condições de ajudar alguém, ou com energia ou com dinheiro. Imediatamente comecei a pensar que a viagem para a Espanha fora um grande erro e que deveria ter especulado mais sobre a situação dela antes de me mudar assim. Era o preço a pagar por não prestar atenção na minha intuição.

 Decidi tomar um banho e dar uma volta na esperança de que isso fosse me animar. Azulejo azul-escuro revestia o banheiro, onde havia um espelho corroído e uma banheira com chuveiro antigo. Tudo tão deprimente! Mas, de toda forma, logo estávamos caminhando saltitantes em Las Ramblas, a principal avenida turística, onde tudo acontece. "Vamos tomar uma jarra de sangria e esquecer nossos problemas!" Tive que concordar. Sabia que não era sensato, mas naquele momento eu só queria fumar um cigarro, ver gente, beber uma sangria geladinha e ser feliz (mesmo que por um momento). Fomos para o lugar perfeito, uma taverna meio *underground* frequentada por locais, chamada Oveja Negra. Em pouquíssimo tempo estávamos falando alto, conversando com todo mundo e dando risadas frenéticas, como se não houvesse amanhã. Mas havia.

Acordamos com alguém batendo à porta desesperadamente. Eu não tinha nada a ver com aquilo, então acordei a Lily e fiquei na cama escutando a confusão. Era um cara de cabelos compridos, com rasta, dizendo que teríamos que sair do apartamento em duas semanas porque eles não queriam mais alugá-lo. Ao menos isso foi o que entendi, depois de um discurso berrado, longo e confuso. Ótimo. Havia acabado de chegar e já teria que sair em duas semanas. Se bem que eu quase fiquei feliz, porque ao menos não precisaria viver naquela espelunca por mais tempo. Mas a Lily estava preocupada. Disse que seria difícil encontrar um apartamento tão barato e tão bem localizado.

– Bem localizado? Cara, disseste que era perto da praia, mas temos que pegar dois ônibus para chegar lá. Disseste que era um "bom" apartamento, mas eu me sinto claustrofóbica dentro dele. Disseste que seria fácil conseguir um emprego no mesmo bar que tu, mas, quando chego, foste despedida! Que merda é essa? Afinal, o que está acontecendo contigo?

Não houve resposta. Ela estava desanimada e quase chorando. Eu, apesar de brava e nervosa, ao mesmo tempo sentia pena. Passamos os dias caminhando pela cidade, falando com as pessoas, procurando apartamento, preenchendo formulários de candidatura para trabalho, colocando cartazes nas livrarias e na internet. Também encontrávamos tempo para ir à praia e fazer um topless básico, muito comum em Barceloneta. Foi estranho no começo, mas nos adaptamos rapidamente.

Um dia, uma conhecida disse que estava indo embora da cidade e queria alugar seu apartamento na Plaza del Sol, em um bairro chamado Gracia, cheio de jovens, estudantes e comunidades alternativas. Fomos vê-lo e adoramos o lugar. Comparado com aquele lixo onde estávamos, era um sonho! Tinha pé-direito altíssimo, portas de madeira e uma varandinha com vista para uma clássica praça espanhola com casas coloridas, apresentações artísticas, lojinhas charmosas, restaurantes e barzinhos ecléticos. Era fresco, arejado, ensolarado, colorido e cheio de vida. Convidamos uma chilena, que era nossa melhor amiga, para dividir o aluguel conosco e nos mudamos rapidamente. A Lily não tinha dinheiro para pagar a parte dela, então paguei. Faria qualquer coisa para sair daquele buraco que chamávamos de casa.

Se havia uma coisa que a Lily fazia muito bem era fomentar nossa vida social. A gente entrava em grande estilo em todas as baladas da cidade. Se você nos conhecesse em um desses lugares à noite, juraria que éramos milionárias descoladíssimas. Sempre encontrávamos um jeito de entrar de graça e ter nossa mesa. Barcelona é certamente uma excelente cidade para se fazer festa. Algumas das melhores e mais *hypes* boates do mundo se encontram lá. Você realmente deve se livrar de toda a sua caretice, deixar para trás os julgamentos e preconceitos para não se chocar a cada cinco minutos. Nós éramos rainhas da noite e mendigas do dia... Isso resumiria nossa vida.

Uma das primeiras coisas que fizemos já no apartamento novo foi a festa de aniversário da Lily. Compramos caixas e caixas de espumante (que na Espanha são baratíssimas!), pedimos a um amigo DJ que tocasse, convidamos um bando de gente e despirocamos. As pessoas começaram a escutar a festa direto da *plaza* e subir para o apartamento. Em um dado momento, não conhecíamos nem um terço de todos que estavam lá. Mal se podia andar. Um pouco antes dos parabéns, alguém bateu à porta. Quem? A polícia. Metade das pessoas lá dentro eram imigrantes ilegais, e então sobrou para mim, já completamente embriagada, a negociação. Tivemos que mandar as pessoas embora e, quando isso aconteceu, nos demos conta de que haviam roubado diversas coisas do nosso quarto, incluindo o dinheiro da Lily, mais uma vez. Ela não podia acreditar. Nem eu. Foi aí que ela entrou em depressão profunda. Acordava só depois das 14h, arrastava-se até o sofá em frente à TV, fumava um maço de cigarros e chorava até dormir de novo. Justamente ela, que era uma das amigas mais felizes e cheias de energia. Foi difícil vê-la assim. Eu tentava ficar de fora, mas não conseguia fazer com que a situação de minha amiga não me afetasse. E estava engordando a olhos vistos e com a sensação de que desperdiçava minha vida.

Ninguém conseguiu emprego por muito tempo, com exceção da chilena. Ela trabalhava em um bar escuro e *underground*, onde passávamos algumas tardes bebendo. Não recomendo para ninguém viver sem *papeles* (cidadania ou visto com permissão de trabalho) em Barcelona. Os brasileiros ficam atrás de todos os países da América do Sul, ao menos dos que têm o espanhol como primeira língua e mais facilidade para conseguir o visto. Fui chamada para uma entrevista em um dos melhores hotéis da cidade, mas, depois de muito papo, chegou a hora de mostrar os tais documentos, e eu não os tinha. E ficou por isso mesmo; os empregadores nem se deram ao trabalho de me ligar para avisar que não ia rolar.

Eu tinha acabado de me formar no Brasil e não estava a fim de limpar banheiros em restaurantes sujos ou catar lixo catalão. Ainda tinha um pouco de dinheiro para viver bem, mas estava começando a ficar preocupada porque não havia perspectiva de melhoras. Uma bacharela, fluente em quatro idiomas, com experiência na hotelaria internacional que não conseguia emprego em um bar? Impossível. Eu parecia estar sendo colocada em cada uma das situações que costumava julgar. Foi o início de um processo de aprendizado profundo e difícil em direção à humildade. Mais uma vez parecia que o universo não estava conspirando a meu favor. Sentia-me vítima do meu próprio destino, como se o mundo estivesse contra mim. Mas, em vez de aceitar, abraçar e aprender com as circunstâncias, eu negava e me lamentava.

> A autopiedade é certamente um dos narcóticos mais destrutivos; é viciante, propicia prazer momentâneo e distancia a vítima da realidade.
> **John W. Gardner**

Bem, às vezes você só aprende com uma experiência anos depois dos acontecimentos. Ao menos tive tempo para explorar aquela linda cidade, todos os seus cantinhos bem desenhados e perspectivas angulosas. Tive tempo para beber espumante barato com enormes sanduíches de carne nos mercados locais; tive a coragem de fazer topless na praia, comer deliciosas *paellas* e *tapas* e conhecer pessoas maravilhosas que ficarão para sempre no meu coração. Tive a amiga certa para me levar para as melhores festas e boates, a companhia perfeita para beber a melhor sangria, fui a museus, parques, vi e vivi todas as coisas que só Barcelona pode oferecer. Deveria agradecer a Deus por uma vida tão maravilhosa, mas estava demasiado perdida em meus sentimentos para me dar conta disso. Meus pensamentos rumavam ao futuro.

De qualquer forma, era o momento de fugir novamente, a única forma que eu conhecia de mudar minha realidade. Durante aqueles meses, mantive contato com alguns amigos que moravam em Londres e me disseram que poderia viver com eles até encontrar um lugar. Quase sem dinheiro, não pude pensar duas vezes: encontrei um voo barato, abracei minhas amigas e fui para o local onde sempre me senti mais viva... o aeroporto!

Londres,
INGLATERRA

A humildade é uma lição difícil

De fé
ENGENHEIROS DO HAWAII

Quando o tempo fecha
E o céu quer desabar
Perto do limite
Difícil de aguentar
Eu volto pra casa
E te peço pra ficar
Em silêncio
Só ficar

Eu tenho muitos amigos
Tenho discos e livros
Mas quando eu mais preciso
Eu só tenho você

O metrô londrino foi o primeiro lugar que visitei depois da aterrissagem. Ao menos havia alguém me esperando na estação final, e isso me fez muito feliz. Buscaram-me com uma van e dirigimos pela London Bridge até uma casa de cinco quartos, onde dez pessoas moravam. Na primeira semana, dividi o quarto com dois outros brasileiros dormindo em um colchão no chão. Eles me disseram que alguém estava saindo e logo haveria um lugar vago em um dos quartos. Isso significava dividir um beliche com um polonês com quem eu nunca cruzava, porque ele trabalhava durante a noite em uma boate. Claro que tinha que ser ele meu companheiro de quarto! Eu sempre atraio o mesmo tipo de pessoas: as que geralmente trabalham em baladas, festas, eventos, algo nessa linha...

Alana Trauczynski

Na primeira semana, limitei-me a aproveitar Londres. Estava ensolarado e a temperatura, perfeita. Comprei um passe de metrô e saía em cada estação, caminhava por tudo e conhecia todos os cartões-postais, parques, ruas famosas e aqueles lugares dos filmes: cabines telefônicas e ônibus vermelhos, estátuas, museus, o castelo da rainha, seus guardas e cavalos, London Eye, o Parlamento etc. Respirar aquele ar me fez bem. Caminhar por lá era um tanto surreal. Tudo tão bonito e cheio de história! Pegava-me pensando no passado e em todas as coisas que aconteceram naqueles lugares ao longo do tempo. Estava também procurando um emprego, é claro. Só dispunha de dinheiro para pagar duas semanas de aluguel. Meus euros viraram pó convertidos em libras, e os aluguéis são tão absurdamente caros que os locadores os cobram semanalmente. Mas eu parecia uma criança caminhando nas ruas de Covent Garden e olhando para todos os prédios como se fossem monumentos importantíssimos.

Finalmente conheci o meu companheiro de quarto: um polonês gatérrimo, de olhos azuis. E pensei: *Putz, como vou usar pijamas velhos e ficar sem maquiagem na frente deste monumento? Que pesadelo! Como dividir um quarto com um cara lindo e que não é seu namorado? Ele estará lá todos os dias. Nem pensar em roncar. As pernas devem estar sempre depiladas. Não posso limpar o nariz, espremer espinhas, nada dessas coisas nojentas. Ai, meu Deus!*

Conhecemo-nos brevemente e não o vi mais por uma semana inteira. Ainda que dormíssemos no mesmo quarto, nós nos cruzávamos apenas de manhã cedo, quando ele chegava da boate e eu estava de saída.

Comecei a me desesperar porque meu dinheiro estava acabando e ainda não tinha arranjado um emprego. Um dia, vi uma plaquinha na frente de um restaurante chinês na Leicester Square: "Precisa-se de *hostess*". Pensei ser uma boa ideia para começar a ganhar dinheiro o suficiente até que pudesse procurar coisa melhor, considerando que mais uma vez eu não tinha visto de trabalho. A diferença era que em Londres ninguém queria esse tipo de trabalho, então eles tinham que fazer "vista grossa". Após eliminar metade das coisas do meu currículo para não correr o risco de ser considerada "qualificada demais", entrei e me apresentei. A gerente, que mal falava inglês, disse: "Yahhh. Venha amanhã, ok? A menina que fala inglês estará aqui para entrevistá-la!".

Não sabia o que pensar, mas, como não tinha dinheiro para pagar o aluguel da semana seguinte, decidi voltar lá. Para a minha surpresa, fui entrevistada por uma brasileira. Então começamos obviamente a falar em português e ninguém entendia nada:

– Sabe, Alana... é trabalho pacas. O restaurante abre para almoço e jantar, todo mundo trabalha os dois horários. Você chega às 10h30 e sai em torno das 23h. Ninguém fala inglês direito e eles são superexigentes. O valor é duzentas libras por semana, e você só tem um dia de folga. O que acha?

– Bom, eu estou em uma situação difícil no momento. Acabei de chegar aqui, mas não trouxe muito dinheiro. O aluguel é tão caro! Realmente preciso de um emprego.

– Ok, então. Falarei com eles. Mas já te digo que é difícil aturar essa gente. Você terá que ser paciente. Pode começar logo?

– Sim, claro.

Uhuuuuuu!! Finalmente um emprego! Que felicidade! Isso significava que dali por diante as coisas só poderiam melhorar. Comprei um vinho e fui pra casa celebrar com as nove pessoas que moravam lá. A nossa cozinha era um lugar muito feliz. Sempre havia ao menos três ou quatro pessoas nela porque cada um trabalhava em um horário diferente e porque haviam transformado a sala de estar em um quarto. Portanto, a cozinha era o único lugar comum. Não vou nem começar a falar sobre a desgraça que é dividir uma casa com tanta gente. Você realmente não pode ter padrões muito altos de higiene ou arrumação.

Eu tinha a escolha de combinar dois ônibus ou um ônibus e um metrô para chegar ao trabalho. O metrô geralmente era mais quentinho, mas não fazia tanta diferença, então eu preferia pegar o ônibus, porque adorava cruzar a ponte todos os dias e olhar o Parlamento, o Big Ben e todos esses lugares de cinema. Não podia acreditar que estava morando numa cidade tão linda.

Cheguei ao trabalho e três chinesinhas muito mal-humoradas me mandaram imediatamente limpar o vidro, as mesas, cadeiras, balcões e todos os arredores. *Ué, não era para ser* hostess? Mas não disse nada. Imaginei que, enquanto o movimento não começasse, eu deveria preencher o tempo com outras coisas. No entanto, quando o movimento começou, fui *hostess* apenas por mais ou menos uma hora. Então me pediram para lavar copos atrás do balcão, fazer sucos, repor o *shoyu* das mesas, tirar o lixo e muitas outras coisas. Pensei novamente: *Será que isso é mesmo tarefa para uma recepcionista?* Assim que o horário de almoço terminou, a ordem era limpar tudo de novo: mesas, chão, balcões etc. Trinta minutos de pausa para comer alguma coisa gordurosa e cheia de calorias... e então começar a preparar o salão para o jantar. As pessoas estavam chegando. Novamente atuei como *hostess* por uma hora e lá fui eu para trás do balcão lavar a louça. O restaurante ficava realmente lotado à noite. Eu não tinha mãos suficientes para fazer tudo o que me pediam. Estava tremendo de nervosa e brava. *Que merda é essa? Será que é pra ser assim mesmo? Eles me enganaram!! Não vou con-*

seguir aturar mais um dia desta tortura. Já estava quase tendo um ataque do coração quando o movimento diminuiu. Então tive que limpar novamente. E, quando pensei que o martírio estava terminando, a gerente me passou um balde, uma vassoura e umas luvas e disse:

– Alana, vá limpar os banheiros e então você pode ir pra casa.

– Limpar os banheiros? Você só pode estar brincando... Não consigo nem me mexer de tanto que trabalhei hoje! Como pode uma *hostess* ter que fazer tudo isso?

– Você não precisa deste emprego?

Eu precisava. Achei que poderia aturar tudo isso por uma semana, não mais. Fui falar com a brasileira que me contratou:

– Benzadeus, guria! É assim todos os dias a coisa aqui? Realmente é muito trabalho, como você mencionou. Não tinha me dado conta de que teria que limpar, lavar louça, tirar o lixo, limpar banheiros e todas essas coisas... Tá certo isso?

– Pois é, eu te falei. Na verdade eles colocam *hostess* na plaquinha só para atrair as pessoas, mas ninguém consegue aturar isso tudo por muito tempo.

– Sim, obviamente. Você viu tudo o que me pediram pra fazer? Eu pensava que eles estavam brincando, a cada vez. Mas estavam sempre sérios...

– Acredite. Sei como você está se sentindo.

– Limpar o banheiro depois de correr como uma louca durante doze horas? Não pode ser verdade.

– Sim. Bom, já vi que você também não vai ficar.

– Pode ter certeza. Vou tentar arduamente aturar isso por uma semana, ao menos. Mas depois eu não garanto...

· · · ·

Alana Trauczynski

Já era quase meia-noite quando precisei caminhar quinze minutos até o metrô. Então pegava um até Elefant & Castle (mais quinze minutos) e de lá um ônibus até umas três quadras de casa (mais trinta minutos). Caminhava pra casa sozinha, no escuro e congelando. Só um dia de trabalho e eu já não aguentava mais. Quando cheguei, já estavam todos dormindo e nem pude reclamar do meu dia horrível. Tomei um chá e capotei, para começar tudo novamente na manhã seguinte. Acordar às 8h, comer qualquer coisa, esperar o ônibus, *mind the gap*, caminhar, limpar, lavar, correr, carregar, colocar, tirar e limpar tudo de novo. Para finalizar, limpar os banheiros e fingir que estava tudo bem, enquanto por dentro as coisas explodiam! Aquelas pessoas eram malvadas, gente! Máquinas fazedoras de dinheiro infelizes e sem alma. Não havia cinco minutos para todos ali interagirem, brincarem, falarem, sorrirem, nada! Só trabalho. Verdadeira escravidão. Você pode imaginar como é a vida dessas pessoas? Trabalham o dia inteiro, chegam em casa tarde, doloridas e cansadas, dormem e voltam para o trabalho. Zero tempo para o que dá prazer; zero tempo para você. Que vida é essa? Eu pensava muito sobre isso, enquanto limpava sozinha pelos cantos. Que tristeza! Não podia mais esperar o final daquela semana. Todo dia saía de lá muito triste e nervosa, com vontade de chorar. Sentia muito por todas as pessoas que, sem opção, eram obrigadas a trabalhar em condições precárias assim. Os que têm que criar os filhos ou sustentar outras pessoas. Que desesperador deve ser! Eu pelo menos não tinha nenhum dependente.

Um dia o restaurante estava tão lotado que a gerente teve que chamar os proprietários para ajudar. Era um sábado, e minha semana terminava no domingo. O chinês me olhava como se eu fosse o ser humano mais desprezível sobre a Terra e berrava o tempo todo, pedindo coisas. Eu corria de um lado para o outro, dez vezes mais rápido do que o que é humanamente possível. Estava muito cansada, com fome e não tinha parado para comer. Em certo momento, diversas pessoas diferentes estavam me pedindo coisas ao mesmo tempo. O chinês me olhou e disse num tom de voz agressivo:

– Vamos lá, menina! Você não pode ser mais rápida? Que moleza! A gente precisa de alguém que consiga fazer várias coisas ao mesmo tempo!

Não conseguia acreditar no que tinha ouvido. Enquanto isso, dois outros garçons vieram e disseram:

– Alana, o suco de melão está pronto? Os clientes estão reclamando.

– Alanaaaaa! Preciso de copos de vinho. Você pode lavar alguns? Ah, disseram que o banheiro está sem papel higiênico.

Ok. Cheguei ao meu limite. Levantei as duas mãos e berrei alto. Tão alto que fui ouvida em todo o restaurante:

– Calem a boca todos!!! É humanamente impossível fazer tudo o que estão me pedindo. Eu só tenho duas mãos! Isso é uma violação dos direitos humanos! Estou correndo por oito horas seguidas, sem nenhuma pausa para comer. Tenho fome e estou fisicamente exaurida. Vocês são péssimos empregadores. Chega para mim! Vou embora neste exato momento e passarei amanhã às 10h para pegar meu pagamento. Se o dinheiro não estiver na minha mão nesse horário, vou fazer plantão em frente a esta espelunca o dia inteiro, dizendo para as pessoas como vocês tratam os seus funcionários.

Eu estava tremendo. Todo mundo olhava para mim estupefato: os clientes, os outros empregados, a gerente e o proprietário. Peguei meu casaco e saí sem mais um pio. E logo em seguida comecei a chorar desesperadamente, embora aliviada e em paz. Foi traumatizante como experiência, mas me fez valorizar e admirar muito mais todas as pessoas que trabalham nesse tipo de serviço. Normalmente são tratadas como seres inferiores, menos inteligentes, sem ambição, sem aspirações, educação, objetivos. Mas lá estava eu: estudante formada, viajada, sendo maltratada por um idiota arrogante, dono de uma merda de um restaurante, apenas porque ele estava me pagando. A experiência definitivamente me tornou mais humilde. Agora conseguia me identificar com as centenas de pessoas que estão diariamente ao nosso serviço, com razões reais para estarem mal-humoradas na maioria do tempo. Se você tivesse um chefe como aquele, não tivesse tempo para si mesmo, não ganhasse o suficiente, trabalhasse em um subemprego de merda... acredite... você também estaria de mau humor.

Como podemos permitir que alguém nos examine e nos classifique como se fôssemos uma mercadoria, algo que pode ser comprado ou descartado? Como podemos permitir que a nossa aparência ou o nosso trabalho definam quem somos e como devemos ser tratados pelos outros? Por que confundimos o que fazemos, o que vestimos ou aparentamos ser com quem realmente somos? Uma frase ecoou em meu coração naquela noite: "Amar o próximo como a si mesmo". Parece-me que ainda não foi repetida o suficiente ou talvez não tenha sido assimilada. Ao menos por mim, que pelo jeito não amava a mim mesma... E também por aqueles malditos chineses de Leicester Square, que não amavam o próximo!

Ganhei dinheiro suficiente para pagar o aluguel e sobreviver por mais algumas semanas. Tinha deixado meu currículo em diversos outros lugares e recebi uma ligação de um daqueles pubs tradicionais londrinos, perto do restaurante. Marquei uma entrevista e consegui o emprego, já que tinha experiência de gerência de bar. Apesar do péssimo salário, não podia reclamar. Era quase impossível para alguém sem permissão de trabalho conseguir algum emprego melhor.

No pub havia dois andares, todo o espaço verde e dourado, acarpetado, sempre lotado, no coração da cidade. O resto do *staff* era da Austrália. Foi muito divertido no começo. Se comparado ao meu trabalho anterior, era fabuloso! Todos legais, ambiente limpo, gerentes educadíssimos. O único problema é que os ingleses geralmente não dão gorjeta nos bares, mas pagam os drinques dos *bartenders*. No final do expediente, você pode beber todos os drinques pagos, ou seja, eu saía de lá bêbada quase todos os dias. Minha vida ficou um tanto repetitiva, a mesma rotina todos os dias. O tempo se tornou realmente insuportável. Ficava escuro às 16h30 e eu quase não via a luz do dia. Para uma pessoa movida pelo sol, a depressão foi inevitável. Também tive um problema hormonal na época, que fez o meu rosto se deformar em acne. Estava irreconhecível. Centenas de bolhas vermelhas e cor-de-rosa espalhando-se como uma praga. Nunca vi nada pior! Eu simplesmente não queria mais aparecer em público sem quilos de maquiagem. Quando lavava meu rosto, corria até o quarto e não aparecia mais para ninguém até o dia seguinte. Mais uma vez, minha aparência repugnava até a mim mesma, e eu me sentia muito insegura.

Eu e o polonês nos tornamos grandes amigos. No começo me escondia dele para que ele não pudesse ver o quanto eu estava horrorosa. Também andava ganhando muito peso pela falta de exercício físico e depressão generalizada. Eu parecia consciente de tudo o que estava acontecendo, mas isso não ajudava em nada. Sentia-me novamente no piloto automático, como se não fosse eu quem decidisse o rumo da minha vida.

Alana Trauczynski

Nos nossos dias de folga, eu e o Mikk (o polonês) cozinhávamos, bebíamos vinho e dávamos muitas risadas. Ele era ainda a única pessoa que me lembrava de quanto a vida podia ser divertida. Um desses amigos que o compreende de verdade, sabe? Daqueles que terminam a frase que você começou. Daqueles que o olham com amor, mesmo se você estiver numa pior. Do tipo "melhores amigos para sempre". Ele fez minha viagem valer a pena. Em algumas noites, ele chegava em casa ridiculamente bêbado e me obrigava a acordar para contar as histórias da *night*. Todo mundo na casa achava que a gente ficava porque nos viam sempre juntos. Para botar ainda mais corda, quando ele chegava de madrugada, a gente dava risada fazendo barulho e debatendo-se contra as paredes do quarto para todos pensarem que estávamos fazendo sexo selvagem. No dia seguinte, ficavam todos fofocando sobre nós.

Em uma das noites eu estava me arrumando para sairmos. Coloquei minha melhor roupa, fiz minha melhor maquiagem, empenhei-me. Perguntei a Mikk se estava bom, ele me olhou e disse:

– Você parece a Kelly Osbourne tentando ser a Christina Aguilera.

Filho da mãe. Aquilo me arruinou. Não porque ele falou, mas porque estava certo. Normalmente levaria uma piada desse tipo totalmente na brincadeira, mas dessa vez eu fiquei péssima. Não podia mais contar com a minha aparência. Era julgada e vista pelas pessoas de uma forma que sempre tentei evitar. Aquilo me fez sentir uma compaixão imensa por pessoas em situações semelhantes: deficientes físicos, gordos, estranhos, feios, todo tipo de preconceito que temos para com as pessoas. Eu deparei com o meu próprio julgamento. Agora era mais fácil olhar para as outras pessoas com amor e sentir na pele o que sentem. Conseguia me colocar na sua situação. Foi uma bela lição!

Londres começou a ficar muito deprimente. Sempre fria, chuvosa e cinza. Dei-me conta de que eu era uma pessoa que não podia lidar com a rotina. Fazer a mesma coisa todos os dias para mim é a morte. Esta foi a segunda grande certeza com relação ao meu futuro trabalho: algo útil e sem rotina.

Fui despedida do pub por ter aceitado dinheiro como gorjeta em vez de uma bebida. Por que beberia todas as noites em vez de ganhar um dinheiro extra? Não fazia sentido para mim aquela regra, mas é claro que quem saía lucrando era o bar, que recebia seis libras por uma bebida que custava duas. Achava injusto, mas as regras me haviam sido impostas quando comecei a trabalhar lá e, portanto, fui demitida com razão. Eu quase queria ser pega para poder dar uma desculpa a mim mesma e mudar minha situação, já que estava insatisfeita.

A gente, às vezes, quando se sente incapaz ou sem energia para mudar determinadas situações, acaba se acomodando a elas. Existe gente que desperdiça uma vida inteira assim, mas não eu. Normalmente faço o universo conspirar contra mim, até que fique tão insuportável que eu tenha que sair da toca.

Estava desempregada e procurar outro emprego me parecia estupidez, já que não tinha a maldita permissão de trabalho. Estaria sempre subempregada de toda forma. O ano já terminava, e o pessoal com quem eu dividia a casa se empolgava com uma viagem para a Escócia. A festa de Ano-Novo em Edimburgo é considerada uma das melhores da Europa, segundo eles. Como eu não tinha nenhum outro plano, resolvi ir junto. Eles já haviam planejado tudo, e só tive que pagar a minha parte e rachar as despesas de gasolina. E para lá fui num grupo de cinco homens e três mulheres.

Edimburgo,
ESCÓCIA

Às vezes a gente dá sorte

Satisfaction
ROLLING STONES

I can't get no satisfaction
No satisfaction
No satisfaction
No satisfaction
I can't get no

Foram sete horas dentro de uma van até chegar ao hotel. Cinco minutos depois, estávamos bebendo uísque escocês da melhor qualidade por menos de um dólar a dose no pub mais próximo, cercados por escoceses com sotaques puxadíssimos. Eu nem gosto de uísque, mas, em se tratando de Escócia, resolvi beber o que bebem os locais. Depois de algumas horas, todo mundo lá dentro sabia meu nome e o pronunciava sem parar. Eu gargalhava e fazia todo o esforço para tentar entender o maldito inglês que falavam. A última coisa que ouvi foi:

Alana Trauczynski

– Alana, você está bem?

O ano ainda não havia começado e eu já estava embriagada. Visitamos Edimburgo e seus arredores no dia seguinte. A Escócia é um país maravilhoso! Muito verde, igrejas gigantes, castelos e edifícios de pedra. Tiramos muitas fotos. Estávamos todos com um humor excelente (apesar da ressaca), andando pelos arredores e explorando a área, comendo *fish and chips* (peixe com batatinhas fritas, prato clássico), mexendo com os homens de saia e ouvindo as gaitas de fole tocar por toda parte. No entanto, o clima não estava muito bom, com vento e frio. Nada muito atraente para uma festa de rua, mas nós nos sentíamos prontos para nos divertir. Ficou escuro muito cedo e fomos para o hotel nos arrumar, tomar banho e descansar um pouco antes de cair na gandaia.

Quando voltamos para a festa, como o vento tinha piorado e parecia que ia chover, fomos direto para um daqueles clássicos pubs escoceses e começamos a beber uísque novamente... E então cerveja... E então vodca com energético. Logo estávamos dançando no topo das mesas, e a festa estava ficando *caliente*. Perto da meia-noite, fomos todos para fora, o tempo já um pouco melhor. As ruas estavam todas fechadas para os carros, as construções antigas e castelos iluminados de diferentes cores. Tudo decorado e lindo.

– Feliz Ano-Novo!!! – disse o coro de milhares de pessoas nas ruas.

Algumas bandas se apresentariam, mas tudo foi cancelado devido à chuva que começou. Ainda assim, todos nos abraçamos e desejamos o melhor para 2004. Eu queria dar uma volta, falar com as pessoas, conhecer gente nova e tudo mais. Ninguém quis ir comigo, então fui sozinha. Foi muito divertido!

Recalculando a rota

As pessoas se fantasiavam de tudo o que se pode imaginar: guardas, freiras, enfermeiras, *black tie*, sombreiros mexicanos etc. Isso para não falar de todos os escoceses vestidos de saia e congelando suas partes íntimas naquele frio. Eu rapidamente já havia conhecido montes de gente e nem preciso mencionar que todo mundo lá estava podre de bêbado, incluindo eu.

Foi bem divertido andar por aquele cenário meio surreal, olhando para castelos e falando com gente fantasiada, até não conseguir mais suportar o frio. Então decidi voltar para o pub e encontrar o resto da turma. Para minha surpresa, ninguém lá. Ninguém. Nem uma só face familiar no maldito pub.

E aí chega a hora de contar que eu tenho um péssimo senso de direção e que não tinha nem ideia de onde havíamos estacionado os carros e muito menos sabia o nome do hotel onde estávamos hospedados. Talvez conseguisse descrevê-lo, mas sinceramente desconhecia o nome. Foi aí que recebi algumas ligações da família e de amigos no Brasil. Eles quase não acreditavam na situação que eu descrevia:

— Agora? Estou completamente perdida e sozinha na cidade antiga de Edimburgo, na Escócia, entre um castelo e uma igreja. Não tenho bem certeza de onde todo mundo foi parar ou do nome do meu hotel. Acho que vai começar a nevar em breve. Neste momento o vento está bem forte e as decorações de Ano-Novo estão balançando e caindo por todo lado. Mas feliz Ano-Novo! O quê? Como estou? Óóótima! Tenho certeza de que vou encontrar alguém em breve. Só tem 500 mil pessoas aqui. Era pra ser mais de um milhão, mas com este mau tempo não rolou... (risos)

As pessoas no telefone pareciam mais preocupadas do que eu mesma. Somente às 4h30 da manhã comecei a me preocupar. Mas em menos de dez minutos finalmente escutei alguém berrando:

– Alanaaaaaaaaa!!! Caracas, guria! Onde você se enfiou? Estávamos te procurando por toda parte!!!

Bem, vocês sabem como são essas coisas. No final foi só uma boa história para contar. Nós ainda viajamos pela Escócia por alguns dias e então voltamos para Londres, onde fiquei durante duas ou três semanas. De lá, tive que, mais uma vez, me despedir de toda uma vida e voltar para Madri, de onde saía o meu voo de volta para o Brasil. Foi uma despedida triste como todas as outras. Se um dia eu fosse dar a volta ao mundo catando todas as coisas que deixei para trás, acho que eu teria mobília suficiente para umas duas casas e roupas para algumas viagens ao Alasca!

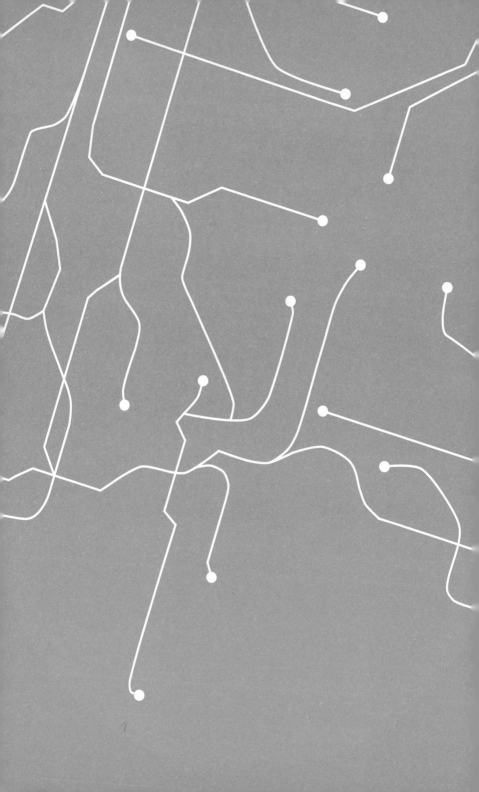

Madri,
ESPANHA

Confiar na vida é preciso

Send me an angel
SCORPIONS

Here I am
Will you send me an angel
Here I am
In the land of the morning star

The wise man said just raise your hand
And reach out for the spell
Find the door to the promised land
Just believe in yourself
Hear this voice from deep inside
It's the call of your heart
Close your eyes and you will find
The way out of the dark

Não havia ninguém me esperando em Madri. Eu ia conhecê-la sozinha e depois voltar para casa. Isso me deixou muito triste. Estava cansada de estar sozinha. Já tinha tido experiências suficientes de solidão e aquilo não era mais tão divertido. Então fiz uma oração fervorosa para mudar aquela situação.

Cheguei cedo demais. Como ainda estava escuro na rua, decidi cochilar um pouco em uma das cadeiras duras da estação de metrô para só sair quando clareasse. Para variar, eu não tinha reserva em nenhum hotel nem muita ideia de onde estava. Sentei-me em um banco, sentindo-me miserável. Já quase pregando os olhos, notei outro jovem sentado ao meu lado segurando um guia que dizia: "Madri para brasileiros".

O quê? Não acredito! Minhas preces foram ouvidas. O garoto se chamava Bruno, como meu pai. Um anjo de verdade.

Sabia exatamente aonde ir, tinha reservas para tudo e rapidamente fez uma para mim, conhecia quais lugares visitar, que metrô pegar, quais parques valiam a pena, restaurantes legais e baratos, tudo. Ele transformou a realidade, como em um passe de mágica, e aquilo me caiu muito bem.

Madri fechou um capítulo da minha vida com chave de ouro. Era o toque final para um perfeito round. Ao final desses dias na Europa, deixei para trás a arrogância que me levava a um senso de superioridade frente aos outros seres humanos, justificada por uma melhor educação, beleza, inteligência, oportunidades melhores ou qualquer outra desculpa que me fizesse acreditar que estava certo ser assim. Um mendigo na rua pode ter uma conversa tão boa ou melhor do que um milionário. O dinheiro não mede o valor de cada pessoa. Dinheiro pode proporcionar experiência, isso sim, mas tantos não aproveitam. Agora também sabia respeitar as diferenças, outras culturas, outros valores, tipos, raças, cores, modos de pensar, agir e interagir com o mundo. A diversidade é a forma mais bonita de nos fazer acreditar que não somos uma coisa só.

Tinha aprendido que a liberdade às vezes tem o alto custo da solidão. A não ser que estejamos falando da liberdade mais completa de todas, onde somos todos unos com Deus e o universo. (Ainda não cheguei lá!)

Tinha aprendido que o meu ego não faz nada além de me separar mais e mais de quem eu sou verdadeiramente e da minha natureza divina.

Tinha aprendido a ser honesta comigo mesma e com os outros, todo o tempo. A verdade realmente liberta.

Tinha aprendido a viver a vida intensamente; tinha aprendido que a cada momento podemos iniciar uma mudança para a vida inteira.

Também tinha aprendido a servir chope como uma profissional, a fazer os mais deliciosos drinques, a pegar metrôs, a dirigir no lado oposto da rua e a memorizar os nomes dos hotéis onde me hospedava. Havia provado a mim mesma que minhas preces eram ouvidas e que se pode confiar na vida.

Por outro lado, estava de volta à minha confusão. O que faria depois?

Já havia me perdido de novo, sofrendo antecipadamente por alguma coisa que ainda não estava acontecendo. A mente no futuro, cheia de "pré-ocupações" e expectativas. Nunca podia deixar a poeira baixar dentro de mim porque, antes que isso acontecesse, já estaria preparando minha próxima aventura...

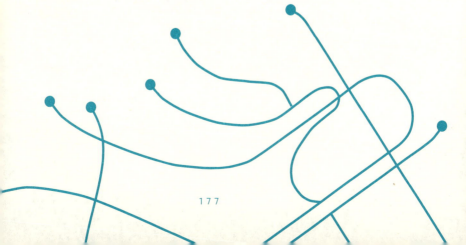

Las Vegas,
EUA

Abandonar as ilusões

Ilusão
MARISA MONTE

Uma vez eu tive uma ilusão
E não soube o que fazer
Não soube o que fazer
Com ela
Não soube o que fazer

E ela se foi
Porque eu a deixei
Por que eu a deixei?
Não sei
Eu só sei que ela se foi

Meu coração desde então
Chora todos dias

Estava de volta ao meu inferno particular. Ainda havia tanto para aprender que nem sabia por onde começar. Outro recomeço, com a diferença de que agora tinha mais experiência, um pouco menos de energia e muito menos dinheiro. Ainda tentava ver a luz, o caminho, o lugar para onde deveria ir. Voltar para casa sempre me colocava contra meus medos e minhas fraquezas, por isso era sempre tão difícil. Não sabia o que fazer comigo mesma. Em uma busca constante pela felicidade, eu parecia cada vez mais perdida. Tinha mais experiência, é claro, o que nunca é um desperdício. Mas passei alguns meses recheados de ansiedade e angústia.

Uma noite, na balada, um amigo disse que tinha sonhado comigo. Logo depois disso, contou que estava se mudando para Las Vegas, onde havia feito intercâmbio previamente e agora voltava para trabalhar. Pensei por alguns segundos e perguntei:

– Posso ir com você?

– Claro. Só tenho que ligar para a família e perguntar se eles não se importam em ter mais uma pessoa na casa por alguns dias.

– Ok. Faça isso.

Eu nem achava que Las Vegas era um lugar tão legal assim para morar. Sabia o que eu tinha vivido lá e tinha consciência de quanto seria fácil perder-me ainda mais, mas minha ansiedade e falta de paciência eram tão intensas que dois meses depois eu estava em um Boeing 737 a caminho da cidade do pecado. *Sin City*! Como é que uma pessoa vai atrás de um propósito em uma cidade que tem pecado no nome? Sabe-se lá. De toda forma, minha formação profissional era a Hotelaria, e Las Vegas é a Disneylândia dos hoteleiros. Dei-me esta desculpa: precisava chegar ao ápice de minha profissão para ter certeza de que era aquilo que eu queria, ou não. As respostas vêm por onde tiverem de vir. E eu não aguentava mais ficar em casa, onde tinha que lidar com meus problemas. Estava brincando de esconde-esconde comigo mesma.

Eu tinha mil dólares no bolso e uma mala cheia de expectativas e sonhos: encontrar propósito de vida, conquistar o mundo, ser muito bem-sucedida, achar um novo amor... qualquer coisa que aquietasse o meu coração. Pode-se dizer que estava em busca do sonho americano, mas não queria ver dessa forma, afinal eu principalmente buscava propósito. Eu sabia, no fundo, que, se eu vivesse o sonho americano, ele provavelmente me desviaria do caminho, isso sim!

Meus pais não conseguiam acreditar que eu deixaria o país de novo. Mostravam quase decepção dessa vez. Sabiam que eu estava buscando as respostas nos lugares errados, só que, mais uma vez, a teimosa tinha que se aventurar no mundo e começar do zero.

Da minha vida em Vegas, algumas histórias merecem ser contadas. Minha estada na cidade do pecado esteve dividida em duas fases: uma de calma e solidão e outra de puro *rock and roll*. Se você gosta de histórias loucas sobre festas na piscina, celebridades, mansões, festas de aniversário e problemas com a polícia... este é o seu capítulo!

. . .

O começo da viagem não foi fácil, como todo começo. Ficamos na casa da família desse amigo por mais ou menos um mês e depois alugamos um apartamento bem legal. Compramos celulares e um carro para dividir. Mas os planos mudaram repentinamente, e o meu amigo começou a falar sobre voltar ao Brasil. Todas as contas estavam no meu nome, já que meus documentos eram americanos. De um dia para o outro, meu "amigo" escafedeu-se com tudo o que havíamos comprado até o momento. Cheguei em casa à noite, após um dia cheio, e encontrei o apartamento completamente vazio, um colchão de ar no chão e minha mala ao lado, com um bilhete dizendo: "Voltei ao Brasil; agora cada um segue o seu caminho". Eu não tinha dinheiro suficiente para pagar o aluguel, as contas do telefone dele, do meu, água, gás e não conhecia uma vivalma na cidade. Chorar não adiantava. Era hora de ligar para a única pessoa nos Estados Unidos com quem eu sabia que podia contar em uma hora como essa: o Joey, meu ex. Expliquei-lhe a situação entre lágrimas e suspiros:

— De quanto você precisa?

— Bom, ainda tenho um pouco de dinheiro. Mas vou precisar de mais seiscentos dólares, algo assim.

— Farei o depósito na sua conta amanhã. Não se preocupe; vai ficar tudo bem!

— Muito obrigada, Joey! Eu te pago assim que puder.

— Não é necessário. Você sempre me ajudou quando precisei, principalmente enquanto eu estava no Brasil. Me deixe retribuir, é de coração.

O que dizer? Só me restou ficar feliz em saber que no mundo ainda há gente assim. Lembrei-me do motivo pelo qual eu havia me apaixonado por aquele homem: um coração de ouro! No outro dia recebi uma ligação chamando-me para trabalhar em um dos principais sites de vendas de ingressos para shows, tours, baladas, spas, campos de golfe etc. Esse site mantinha pontos de venda dentro de vários hotéis, como um *concierge*, e logo comecei a ganhar dinheiro suficiente para viver bem. A única coisa que não tive, por um bom tempo, foi um carro. Não queria comprar qualquer carro velho com o qual pudesse correr o risco de ficar na rua, pois não havia ninguém para me socorrer caso isso acontecesse.

O transporte público em Las Vegas poderia ser o assunto do meu próximo livro. É nele onde estão todos os loucos, onde se escutam as histórias mais absurdas e as piores situações acontecem. As pessoas falam sozinhas aos montes! Isso para não dizer que, como os ônibus só fazem trajetos em linhas retas, geralmente é preciso pegar duas ou três conduções de linhas diferentes para se chegar ao destino desejado. O fato de que os ônibus só passam a cada vinte ou trinta minutos também não torna as coisas mais fáceis. Nunca vi nada tão horrível! Eu morava a cinco quilômetros da Strip, avenida onde estão todos os hotéis, mas levava mais de uma hora e meia para chegar ao trabalho. Não gosto nem de lembrar. Era um suplício! Estava procurando alguém para dividir um apartamento por meio de um site dedicado exatamente a isso. Acabei encontrando um francês com quem comecei a trocar e-mails. Ele ainda estava na França, mas ia se mudar para Las Vegas em alguns meses. Chamava-se Kev, e era músico.

Comecei a gostar da minha vida. Morava em um condomínio fechado, onde havia uma piscina gigante, academia de ginástica, sauna, quadras de tênis e *squash*, duas banheiras de hidromassagem quentes, muitos jardins e flores. Nem acreditava que conseguia bancar tudo aquilo sozinha. Depois de algumas entrevistas, já tinha desistido de encontrar alguém em quem pudesse confiar para dividir um teto na cidade do pecado. Não seria enganada por outro nem a pau.

Era bem solitária a minha vida. Malhava na academia do condomínio pela manhã, comia alguma coisa, ia de ônibus para o trabalho, onde ficava por oito horas, e pegava o ônibus de volta. Assim se resumia o meu dia. O cara que trabalhava comigo era um senhor de mais de 50 anos, casado, pervertido e nojento. A mulher que cobria as minhas folgas também tinha mais de 50, era uma figura muito querida, mas ninguém que eu pudesse convidar para um *happy hour* depois do trabalho. Pela primeira vez na minha vida, eu não tinha nenhum amigo. Toda vez que saía acabava conhecendo pessoas que não eram de Vegas, mas, sim, turistas que partiam alguns dias depois, quando eu voltava para a minha solidão. Realmente estranhava muito não ter ninguém para contar como tinha sido o meu dia de trabalho, se estava feliz, brava ou ansiosa. Também notei que eu não era a única. Na cidade que nunca dorme, 70% da população são solitários e carentes. Trabalho, TV e internet preenchem os seus dias sem vida. Normalmente se mora em Las Vegas por um destes dois motivos: ou você está economizando dinheiro para conseguir dar o fora de lá, ou você está tão endividado que não consegue sair. O sonho americano daquelas pessoas parecia mais um pesadelo. Eu sentia pena. Conversava com os funcionários do hotel durante os meus *breaks* e era uma história pior que a outra. Sabia que para mim era apenas uma circunstância, mas para eles a vida era isto: uma simples passagem de tempo. Vazia, solitária, triste, como viver esperando a morte. De fato deprimente.

Apesar disso, consegui manter um bom astral. Estava malhando bastante e em ótima forma. Fazia sol todos os dias (viva o deserto!), e eu passava os fins de semana na piscina do condomínio. Vivia em paz comigo mesma e satisfeita com o que já havia conquistado com tanta rapidez. Era completamente livre, não dependia de ninguém para nada. Uma sensação muito boa, apesar da solidão.

A hora mais emocionante do meu dia era receber um e-mail do Kev, o gatinho francês. A gente vinha trocando mensagens há um tempo, ele me ligou algumas vezes e nós parecíamos nos dar muito bem.

Até ele chegar a Vegas, eu voltava para casa à noite e não havia vivalma esperando por mim. Nunca recebia ligações em meu celular, a não ser uma ou outra chamada internacional do Brasil; ia a restaurantes e cinemas sozinha, o que é comum para mim, mas depois de alguns meses estava desesperada para conhecer pessoas.

A solidão é uma ótima oportunidade para se autoconhecer. Não há distrações. É você consigo mesmo. Não há jeito de escapar. Então, aquele foi um período muito frutífero. Finalmente conheci a minha essência, sem ter que representar um papel na sociedade. Eu me observava muito e acabei por me dar conta de que a Alana solitária era muito diferente da palhaça, boba da corte barulhenta, minha máscara costumeira. Gostava de ter uma vida saudável, fazer saladinhas incrementadas, ler livros, dormir cedo, meditar, tomar longos banhos de banheira com sais. Isso também era eu.

O Kev chegou alguns meses antes do Natal. Confesso que já estava ficando um pouco ansiosa. Ele veio até a minha casa, onde eu havia espalhado bilhetinhos com os nomes de todas as coisas em português, porque ele disse que queria aprender. Então saímos para um primeiro encontro, mas parecia que eu já o conhecia há muito tempo. Começamos a namorar desde o primeiro dia, e minha solidão foi substituída por jantares românticos, cinema a dois, *cheesecakes* e massagens. Ele também chegou aos Estados Unidos com uma mala cheia de esperanças e o desejo de viver um sonho. Nós nos apoiamos nos momentos difíceis e apontamos nossos erros e pisadas na bola. Segundo Kev, eu tive tanto impacto em sua vida que ele a divide em duas partes: A.A e D.A – "Antes da Alana" e "Depois da Alana". Mas eu não estava tão satisfeita. Como ser social que sou, ter namorado não é o suficiente. Sentia falta de sair, ter amigos acima de tudo.

O Kev, no entanto, não era nem um pouco assim. Totalmente antissocial, ninguém parecia bom o suficiente para ser seu amigo. Você sabe como os franceses conseguem ser esnobes às vezes? Ele era um cara maravilhoso, mas carregava uma dor interna tão grande que o impedia de fazer as pazes com o mundo. Apaixonei-me por ele porque podia enxergar seu ser essencial por trás de tudo aquilo. Eu via a beleza, o potencial de músico, o talento e a transparência. Eu via, mas ele não. Ele era megapessimista, exigente consigo mesmo e triste, de certa forma. Nunca queria fazer nada. Não gostava de sair para boates ou bares, de viajar, fazer *snowboard* ou passar o dia nas montanhas, ir ao lago, aos cânions, nada. Todos os dias que eu tentava fazer com que me levasse a algum lugar, ele vinha com as alternativas mais criativas para me jogar um grande "não" pela cara. Inacreditável.

Pela primeira vez na vida, passei a meia-noite do Ano-Novo sozinha, no meio de milhões de pessoas, na Las Vegas Boulevard. O Kev teve que trabalhar, então a gente só pôde se encontrar de madrugada. Uma garrafa de espumante nas mãos e grandes sonhos nos pensamentos. Foi difícil, mais uma vez.

Um dia, conheci uma menina que viria a se tornar uma das minhas melhores amigas. Foi em um jantar, através de um amigo brasileiro em comum. Desde então nos tornamos inseparáveis. Eu finalmente tinha alguém com quem sair e me divertir! Rapidamente começamos a frequentar todos os lugares mais legais da cidade e conhecer um monte de gente. E desde então meu relacionamento com o Kev entrou em processo de ruína. Nós ainda nos dávamos muito bem e nos divertíamos muito juntos, mas as grandes diferenças de personalidade minavam nosso caminho. Começou a ficar difícil, a consumir muita energia, a demandar muito esforço. Mas acima de todos os conflitos éramos melhores amigos e podíamos sempre contar um com o outro para qualquer coisa.

Recalculando a rota

Era hora de um novo tempo na minha vida. Era hora de viver o sonho para me dar conta de que tudo se resumia a uma ilusão.

> O sucesso sempre foi um grande mentiroso.
>
> **Nietzsche**

Comecei a trabalhar em um dos hotéis mais pop de Vegas, onde se hospedam todas as celebridades, jovens, bonitos e milionários. Meus dias eram recheados de arrogância, limusines, shows, lutas de boxe, torneios de golfe, *premières* de novos filmes e convites para as melhores festas e eventos que você possa imaginar. O meu trabalho era conseguir (para aqueles que haviam gastado milhares de dólares no cassino) as melhores mesas nas boates, os melhores lugares nos shows e eventos, os melhores horários para jogar golfe nas melhores quadras, reservas nos melhores restaurantes, inclusão de nomes em listas vip, manter as limusines em movimento, locação de jatinhos particulares, ou seja, o que fosse necessário para fazer essas pessoas felizes. Lidava com a nata da nata, isto é, os egos mais inflados do planeta. Para mim, a palavra "não" praticamente inexistia. Eu precisava fazer o impossível acontecer várias vezes ao dia. Coisas como conseguir ingressos na primeira fila para uma apresentação dos Rolling Stones no dia do show, ou uma reserva no Joël Robouchon (melhor restaurante da cidade) às 20h em um sábado, alas vip privadas em boates tecnicamente lotadas, o que fosse. Eu tinha que dar um jeito.

"Você sabe com quem você está falando?" era a frase que eu mais escutava. Considerando que eu também sempre tive um baita ego, tornava-se muito difícil engolir todo o meu orgulho, sorrir e tratá-los como reis. Inúmeras vezes segurei o choro e me contive para não berrar: "Vai tomar no seu cu, seu idiota!", ou "Tu é que não sabes com quem estás falando, seu palhaço!". Em vez disso, escondia toda a raiva latente, estampava um lindo sorriso no rosto e dizia: "Será um prazer ajudá--lo da melhor forma possível, senhor!".

Foi muito bom constatar que a fama não necessariamente faz as pessoas felizes. É um mito. Nem posso lembrar todos os dramas que aconteciam diariamente na vida dos famosos. Sempre rolava um bafão! Alguns deles, enquanto longe das câmeras, pareciam sempre em péssimo estado: tristes, sozinhos e bravos com todo mundo. Apesar de tudo, eles são só pessoas, como eu e você... com sentimentos, que não estão sempre a mil e precisam lidar com um milhão de problemas. Na maioria das vezes, inteligência emocional não é a característica mais desenvolvida nessas pessoas.

Minha rotina era muito estressante. Para os hóspedes, nada que uma boa gorjeta não curasse: humilhação, bronca, porrada na mesa. Tudo era permitido, na visão deles, desde que me atirassem muitas notas na cara. Eu, por outro lado, diversas vezes tinha vontade de mandá-los enfiar o dinheiro naquele lugar e sair correndo para nunca mais voltar.

Mas eu também curtia as vantagens de um trabalho daquele tipo. Era tratada como rainha em todas as melhores boates da cidade, ficava sempre nas alas vip com mesas bem posicionadas e garrafas *free* de Grey Goose. Assim, frequentemente estava entre a Paris Hilton, as Kardashians, Britney Spears, P. Diddy, Eddie Murphy e todos esses festeiros de carteirinha. Ganhava ingressos para todos os shows, era convidada para jantar nos melhores restaurantes, andava de limusine pra lá e pra cá, fazia viagens de helicóptero para o Grand Canyon, pegava caronas em aviões particulares e aproveitava tours pra todo lado. Muitos milionários não seriam capazes de ter a vida que eu vivia em Las Vegas. Eu tinha todos os contatos certos para fazer o meu trabalho cada vez melhor. Como consequência disso, nunca ficava na fila e sempre havia algumas pessoas garantindo a minha diversão. Era muito bom ser paparicada da mesma forma que paparicava os hóspedes, e foi isso que me manteve naquele emprego por tanto tempo.

Nessa época não tinha nem sequer ideia do meu número de amigos. Meu telefone tocava o dia inteiro, e todo mundo me convidava para ir a todos os lugares. Interesse, é claro! Em um dia de sol, eu podia escolher entre andar de lancha no lago, cabanas e *lounges* nas festas nas piscinas dos grandes cassinos ou uma voltinha de helicóptero para jantar no Lake Las Vegas, que é um pouco mais afastado da cidade. Quem sabe andar de gôndola e tomar champanhe com morangos cobertos por chocolate? Nesse nível.

Eu também era amiga de todos os artistas do Cirque du Soleil. Eles faziam as melhores festas, caríssimas e temáticas, corpos perfeitos desfilando, produções incríveis. Você não sabia nem para onde olhar. Gatos e gatas por todos os lados, todo mundo ficava com todo mundo. Noites recheadas de emoções palpitantes, regadas a muito álcool. Tudo muito excitante e vazio. Assim, teve a época de ouro, em que estávamos todos curtindo, felizes, aproveitando a vida, ganhando dinheiro e vivendo intensamente.

Mas chega uma hora que a coisa perde a graça.

Como se manter centrada quando todas as perdições estão disponíveis? No final, até que fiz um bom trabalho. Sabia que estava vivendo em um mundo plástico, talvez pelas experiências anteriores, e conseguia separar a diversão da vida pessoal. Acho que já estava madura o suficiente para ter aquele tipo de vida. Não usava mais drogas, e isso por si só já é uma grande vitória quando se vive nesse meio. Mas vi vários amigos se perderem: alcoólatras, drogados, *strippers*, viciados em jogo. As pessoas ficavam tentando manter o seu "*high*", a euforia artificial. Mas, quando ela passava, todos vinham abaixo. Se o seu vazio não está sendo preenchido, você eventualmente terá que deparar com ele. E lá estava eu, no ápice do que se pode chamar uma carreira na hotelaria mundial, vivendo um vazio sem tamanho. Meu trabalho não me satisfazia em vários aspectos: sem criatividade, sem impactos sociais, sem expressar o melhor de mim. Até quando eu poderia me enganar?

. . .

Quando você está no topo, sempre pode haver um tombo. O meu veio por meio de más notícias provenientes de exames médicos de rotina: a possibilidade de um câncer (pausa para respirar!). Caracas! Só a palavra já apavora. Fiquei totalmente fora de órbita por uns dias. Não conseguia me concentrar ou pensar em coisa alguma além da possibilidade de estar doente. É muito louco como a nossa mente viaja longe nessas horas. É como se você pudesse prever o futuro e passasse um filminho mental da sua vida e do seu destino: o velório, as pessoas chorando, imaginar quem estaria presente etc. Infelizmente, esse é o tipo de merda que precisa acontecer para que a gente pare um segundo e pense sobre o que estamos fazendo agora, hoje, neste exato momento. Tem tanta coisa que a gente não faz porque acha que ainda tem muito tempo pela frente. Mas e se não tivermos?

A vida nos manda sinais para darmos os passos corretos. Se entendêssemos todas as coisas ruins que nos acontecem como sinais, como oportunidades para mudar o que nos impede de realizar nossa missão na Terra, a vida seria muito mais fácil. Mas por que nós, humanos, tendemos a só aprender com as más experiências?

> Quando alguma coisa ruim acontece com você, sempre há uma lição importante escondida atrás dela, mesmo que você não se dê conta disso naquele momento.
> **Eckhart Tolle**

Decidi entrar em uma dieta de desintoxicação. Nada de álcool, cigarro, refrigerantes, drogas, nada que pudesse causar mal ao meu corpo de alguma maneira. Adoraria dizer que essa ideia surgiu do meu desejo por um estilo de vida mais saudável ou por uma tremenda e súbita força de vontade... Mas não foi o caso. Comecei também a fazer aulas de capoeira e correr todas as manhãs no parque perto de casa.

Minha vida social definitivamente mudou a partir daí, somente pelo fato de que, se eu saísse, passaria metade do tempo respondendo à mesma pergunta: "E então, o que vamos beber?".

Após três intensos anos em Las Vegas, eu já não tinha mais vontade de sair. Não pelo fato de não me divertir sem beber, absolutamente. Eu ainda adorava dançar, ver gente, arrumar-me, conversar com as pessoas, mas ficou extremamente cansativo ter que explicar os motivos pelos quais eu havia parado de beber. Nessa época, comecei a namorar meu professor de capoeira. Como ele também era uma pessoa saudável, isso me facilitou trocar longas noitadas de bebedeira por noites calmas, cozinhando, vendo filmes e relaxando.

E quanto ao meu problema, recebi os resultados dos exames logo após, e no final tudo deu certo. Eu não estava doente. Mas, de qualquer forma, a lição serviu para repensar meu estilo de vida para sempre. Não podia ignorar os sinais. Eles significavam algo. Na verdade, todos têm significado: o roubo de uma bolsa, a perda das chaves do carro, ou mesmo dos documentos, o encontro inesperado com alguém conhecido, tudo pode ter significado. E somos nós que descobrimos qual é.

Se os ignorarmos, eles acabarão se tornando cada vez mais fortes, drásticos e dramáticos: o que for necessário para evoluirmos. Então, preste atenção às coisas ruins que acontecem com você, porque elas podem, na verdade, estar tentando lhe mostrar o caminho certo.

Tudo isso me fez sentir vontade de estar mais próxima à minha família. Parece-me que, com a vida em jogo, a única coisa que importa é o amor. Eu sentia muito a falta deles e me dei conta de quanto era importante estar perto das pessoas que amo. A minha sobrinha e afilhada tinha quase um ano, e eles fariam uma festa. Eu precisava estar lá para esse evento, então pedi alguns dias de férias no trabalho para voltar ao Brasil. E eles não me deram! Na mesma hora pedi demissão. Las Vegas estava meio devagar, e não havia um motivo compreensível para que não me deixassem ir. Eu sabia que encontraria outro emprego facilmente com meu currículo. Naquele momento, a coisa mais importante era ver minha família e sentir o calor de estar cercada por pessoas que me amassem de verdade.

Viajei duas semanas depois. Mais uma cena calorosa de aeroporto, o lugar mais impessoal do mundo, onde eu me sentia em casa, mais do que em qualquer das minhas residências. Minhas chegadas e partidas já não eram nem consideradas eventos especiais e, portanto, só a minha mãe (sempre ela!) estava lá na aterrissagem.

No Brasil, a temperatura era perfeita. O sol brilhava, o vento soprava fresco na nossa casa de praia, o mar estava azul e o meu coração, tranquilo.

Sonho americano? Agora me parecia muito mais que o Brasil era o sonho. Mas ainda não estava preparada para voltar de vez. Ainda me via jogando a culpa das minhas frustrações sobre os outros, especialmente sobre minha mãe, ela que sempre me via claramente, sem as máscaras que eu costumava usar. Tivemos muitas brigas, e eu não queria a mosquinha voadora de volta na minha vida. Além disso, tinha um namorado esperando-me nos EUA e várias contas para pagar. Não estava nem um pouco estressada com o fato de ter que voltar e encontrar um novo emprego. Depois de conhecer tanta gente por meio do trabalho, meu *network* estava formado. Eu só precisava me manter atenta, porque todos os trabalhos em Las Vegas estão relacionados, de certa forma, com a necessidade de se ter um grande ego. É preciso ser um pouco arrogante e saber lidar com egos ainda maiores que o seu. Você tem que ser fodão, estar no topo, ser o melhor.

Uma excelente proposta surgiu para mim nessa época, para trabalhar em uma grande boate, parte de uma cadeia de boates e restaurantes nos Estados Unidos, os melhores do mundo. Eu poderia mais do que dobrar o meu salário anterior, mas teria que brigar constantemente por celebridades, puxar o saco dos milionários, fazer novas "amizades", mostrar a todos o quanto eu era incrível e por que deveriam ir à boate onde eu trabalhava.

Bem no fundo eu sabia que, se meu trabalho me fizesse nadar com os tubarões todos os dias, eu poderia facilmente me tornar um deles. Por um lado, é claro que queria ganhar mais dinheiro. No entanto, uma voz interior me dizia: "Não faça isso!". Pensar nesse trabalho me fazia agitada e ansiosa, mas não feliz.

Alguém um dia me disse que você sempre deveria decidir as coisas baseando-se em como se sente enquanto pensa nelas. Era aquela velha história: diabinho em um ombro, anjinho no outro, sussurrando coisas opostas. Eu estava muito confusa e não sabia o que fazer. Mas na entrevista final, quando tudo já estava decidido e faltava apenas conhecer o dono da empresa e assinar os papéis, usei óculos escuros. Quem é o desavisado que usa óculos escuros em uma entrevista de trabalho? Só uma pessoa que não quer olhar no olho, ou seja, não quer falar a verdade. O entrevistador obviamente notou isso e acabei não sendo contratada.

> Lembre-se de que não conseguir aquilo que você quer é, às vezes, um grande golpe de sorte.
> **Dalai Lama**

Então, continuei a minha vida fazendo a mesma coisa de antes, mas em um hotel diferente. Comecei a trabalhar em um hotel de cadeia mundialmente conhecido, cujo nome faz uma grande diferença no currículo de alguém formado em Hotelaria. O ambiente era bem cordial, e lá aprendi a última lição de que precisava durante minha aventura em Las Vegas: servir.

Recalculando a rota

Seja gentil sempre que possível. É sempre possível.

Dalai Lama

Não estou tentando fazer propaganda da filosofia do hotel nem nada disso. É provável que role certa lavagem cerebral, mas de forma positiva. Pela primeira vez trabalhei em um lugar onde as pessoas realmente se preocupavam com as outras. Não só com os hóspedes, mas com todos os funcionários e pessoas ao redor. Um lugar tão inspirador que a qualidade de energia era sempre boa e todo mundo parecia sempre em um ótimo astral.

Éramos instruídos a superar todas as expectativas dos hóspedes, que já são bastante altas quando se trata de um hotel de luxo, oferecendo-lhes um serviço altamente personalizado. A orientação básica se resumia a prestar real atenção em cada pessoa que estivesse em nosso campo de visão. Se você visse alguém com aspecto de que estava gripado, deveria mandar-lhe uma sopa e um cartão personalizado até o quarto; se o casal estivesse em clima de romance, deveria mandar-lhe espumante e morangos cobertos com chocolate. Se alguém estivesse chateado, deveria escutar tudo o que ele tivesse a dizer e então se colocar no seu lugar. Nunca dizer não. Nunca justificar um erro. Nunca discutir. Simplesmente ser gentil e compreensivo. Fazer o que fosse pedido, resolver os problemas ou compensá-los de alguma forma. Fazer a vida dos outros melhor. Assumir a culpa de outros funcionários. Focar na solução, nunca no problema.

Parece que isso soa meio óbvio, não é? Quer dizer, todo mundo deveria lidar assim com clientes. Mas a diferença era que lá todos realmente colocavam isso em prática. E não importava de que forma os problemas fossem resolvidos, que tipo de recompensas teria que ser oferecido ou que erros tinham sido cometidos; se as soluções seguissem essa filosofia, você receberia o apoio de todos os gerentes, seria elogiado e cumprimentado por um trabalho bem-feito. Comecei a pensar nisso como uma forma de encarar também a vida e qualquer problema no meu caminho:

- Prestar atenção em mim e em todas as pessoas ao meu redor.
- Colocar-me no lugar das pessoas (o fim do julgamento).
- Escutar com atenção o que todos têm a dizer.
- Não negar um problema.
- Não justificar um erro ou problema.
- Não discutir (perda de tempo e energia).
- Ser gentil.
- Focar na solução, não no problema.
- Se não houver solução, abarcar o problema, aceitá-lo e deixar a situação passar. (Tudo nesta vida passa!)

E, de repente, um trabalho antes estressante, irritante e que demandava muita energia tornou-se um verdadeiro prazer. Dei-me conta de que eu tinha o poder de mudar o estado de espírito de uma pessoa. Tinha o poder de transformar um dia ruim em um dia ótimo e mudar completamente o campo energético de um ambiente. Uma experiência ruim, para mim, tornou-se uma grande oportunidade. Comecei a olhar para os meus hóspedes com amor e realmente me colocar na situação deles. Na maior parte do tempo, as pessoas só queriam ser ouvidas. Muitas vezes o problema nem era causado pelo hotel: um atraso no voo, alguns transtornos com o transporte, uma refeição ruim ou qualquer outra coisa irritante. Eu me lembro de deixá-los falar até que não pudessem dizer mais nada, até que se esgotasse toda a ira do seu coração. E então dizia: "Você está absolutamente certo. Se eu estivesse no seu lugar, estaria ainda mais brava. A partir deste exato momento, prometo fazer tudo o que estiver ao meu alcance para que a sua estada em Las Vegas fique bem melhor. Sinto muito por tudo o que você passou; estarei aqui para, com prazer, ajudá-lo quando precisar. Obrigada por sua paciência!" (mesmo se eles estivessem berrando como javalis selvagens!).

Dizer isso mudava completamente as coisas. Muito em breve, essas pessoas estavam sorrindo e desculpando-se. Sentiam-se agradecidas e felizes. Eu só tinha que, a partir daí, levar minha promessa a sério e garantir que elas não tivessem que reclamar de mais nada. Esse objetivo só era atingido através da comunicação constante com outros departamentos e gerentes, que davam continuidade ao trabalho, enviavam cartões personalizados, presentes e tentavam prever o futuro para antecipar necessidades.

Parecia inexplicável como aquilo me fazia bem. Eu ficava quase mais agradecida do que eles. Era uma realização recompensadora. Além disso, esse tipo de comportamento me rendia ótimas gorjetas, presentes, comentários maravilhosos nas pesquisas desenvolvidas para controle de qualidade e novos amigos.

Quando comecei a trabalhar lá, achava um pouco humilhante dizer: "Meu nome é Alana e estou a seu serviço". Eu me sentia um pouco escrava, como se fosse alguém menos importante. Mas, depois de um tempo (e muito trabalho em meu interior), comecei a ver que servir é a coisa mais legal que se pode fazer por outra pessoa, pois demanda o melhor de nós.

A única coisa que ainda não me deixava completamente satisfeita com o meu trabalho era a exigência de horários, o fato de não usar minha criatividade, além de fazer coisas repetitivas, ter uma rotina maçante, cumprindo o mesmo roteiro dia após dia. E sempre senti, bem no fundo do meu coração, que a minha forma de servir era diferente. Sempre achei que tinha outras coisas para oferecer, mas não sabia exatamente o quê. No fundo, ainda me sentia igual a quando precisei decidir o que prestar no vestibular: insegura, confusa, indecisa e sem esperança. Teria que mudar de área dessa vez, afinal minha formação definitivamente não era o lugar certo para mim.

Na vida pessoal, as coisas também não estavam tão bem. Meu relacionamento não me fazia feliz. Éramos bons amigos, mas não tínhamos muito em comum exceto o amor pela capoeira. Além de ser meio chato estar com ele, logo depois do começo de nosso namoro, sua ex-namorada ligou para dizer que estava grávida. Drama demais em um relacionamento que já não era grande coisa, o que nos levou à decisão de terminar.

Foi aí que o Pedro, meu irmão, se mudou para Vegas. Fiquei muito feliz de ter alguém da família por perto. Ele foi para os Estados Unidos para tentar residência médica, como meu pai havia feito quando eu nasci.

A gente se dava muito bem. Mesmo que ele passasse altas horas sentado na frente do computador e dos livros, nós nos divertimos muito em algumas noites e fizemos algumas viagens bem legais. Logo em seguida completei 29 anos. E, como já estava bem-comportada por um bom tempo, decidi preparar uma baita festa que tornasse inesquecível minha estada em Vegas.

• • •

Recalculando a rota

Ao final de um pôr do sol vermelho e laranja com montanhas ao fundo, embarcamos em uma daquelas limusines gigantes, do tipo Hummer, para vinte pessoas. Trinta minutos mais tarde, já tomávamos drinques glamorosos em um restaurante charmoso no Mirage, um dos cassinos da Las Vegas Boulevard. Até então todos ainda estavam bem na foto. E foi aí que começaram os rounds e mais rounds de *shots*, acompanhados de aperitivos deliciosos, martínis, sangrias, mojitos de tangerina e tudo o que você possa imaginar. De repente, todo mundo estava num humor inacreditavelmente bom. Risadas, brindes e altos papos, até chegar a conta, que foi bem salgada. Mas, nessa hora, todos já se sentiam muito ricos e generosos também.

Então andamos até o Revolution Lounge, boate com temática dos Beatles, na qual havia duas mesas reservadas ao lado do DJ, só para os meus convidados, que não paravam de chegar. E cada um que chegava me pagava um *shot*, tradição americana.

Minha próxima lembrança é a do meu ex, Kev, caminhando em minha direção com uma bandeja de cupcakes coloridos, e todo mundo cantando parabéns. Eu estava muito feliz, mesmo que meus pés doessem um pouquinho. De repente, o *vip host*, que também era meu amigo, veio me dando bolo na boca. Ao retornar o favor, amassei um pedaço na cara dele, ato que provocou uma guerra de bolo extremamente divertida. Eu me lembro das pessoas lambendo a minha cara e dizendo: "Hmmm, você é deliciosa, Alana!". E rindo. Dá para imaginar como ficou a maquiagem, junto com a cara de bêbada? Uma beleza! Mas eu continuava dançando e pulando como se não houvesse amanhã. Todos os meus amigos do Cirque du Soleil davam saltos mortais na pista, como de costume. Eu me sentia muito feliz. Mas aí rolou um apagão.

Lembro-me de tentar tirar os sapatos, e do segurança me dizendo para colocá-los de volta... Lembro-me de tentar dançar com as *go-go girls* atrás da cabine do DJ... Lembro-me dos meus amigos gays falando do quanto eu estava bem para 29 anos, como parecia uma menina, sem rugas nem nada. "Ainda bem que a sua pele é oleosa!", diziam. Podia ter dormido sem essa. E outro dia é outra história, que eu não preciso contar porque todo mundo já passou por isso.

. . .

Para dar uma refrescada nas ideias depois de emoções intensas, não há nada melhor do que um fim de semana agradável em um lugar relaxante (pelo menos para mim). Fazia muito tempo que eu queria conhecer o Big Sur, na costa da Califórnia. Nesse caso, ninguém melhor para me acompanhar do que o Joey e o Colby, minha dupla favorita, o que significava *good times, for sure*. Peguei um voo até Monterey, onde morava o Colby. O Joey morava bem próximo, e os dois já me esperavam no aeroporto. Vê-los era sempre excitante, diversão garantida. Na primeira noite, saímos para tomar cerveja e ouvir algumas bandas, programa clássico do trio. Depois fizemos uma saudosa *jam session* na casa do Colby e dormimos felizes.

No dia seguinte, eles me acompanharam até o meu destino. Na verdade, eu estava indo fazer um *workshop* no Instituto Esalen, um centro educacional multidisciplinar com foco em disciplinas alternativas, tais como meditação, massagem, ioga, espiritualidade, ecologia, psicologia, artes e música. Um lugar maravilhoso, localizado às margens escarpadas do Oceano Pacífico, com fontes sulfurosas de águas termais para banhos purificantes, cachoeiras, lindos jardins, hortas e plantações. Um dos lugares mais bonitos que já vi na vida. O *workshop* se chamava "Creating the work you love" (criando o trabalho que você ama), com Rick Jarrow, autor de livros sobre a "alquimia da abundância" e professor de *workshops* sobre mudanças na carreira e sobre os caminhos para encontrar sua verdadeira realização profissional. Além de mim, havia mais umas quarenta pessoas perdidas em relação a carreira, e divagamos sobre isso em conjunto. Grande parte do trabalho era pautada por meditações guiadas e vivências. Resumo da ópera: tudo se resumia em relaxar e deixar as coisas fluírem por meio da inspiração. Prestar atenção na intuição, deixá-la apontar o caminho. Eles diziam que a própria vida tem um plano para nós e que, se ao menos pararmos de atrapalhar, as coisas deveriam seguir o melhor fluxo. Mas eu não via caminho. As meditações e vivências se davam uma após a outra, e eu visualizava um grande branco, uma nuvem confusa e disforme. Nada!

A única visualização em que vislumbrei alguma coisa foi uma em que ele dizia para entrar em um imenso gramado verde, com um círculo no meio. Ao caminhar em direção a esse círculo, comecei a ver que já havia alguém lá me esperando e se tratava de meu mestre, aquele que eu havia pedido para me guiar. Ele me aguardava em posição meditativa. Olhou para mim e sorriu, com aquela cara de "estava te esperando". Assim que me sentei ao seu lado, a pessoa que estava narrando a vivência disse:

– Agora visualize uma pessoa aí com você... Alguém estará com você dentro desse círculo... Essa pessoa é o seu guia!

Eu gelei. Puxa, ele já estava lá antes da narração... Isso acentuou ainda mais a minha confiança de que tudo o que acontecia comigo fazia parte de um plano maior.

Os meus dias lá foram marcados por um alto nível de relaxamento. Tomava banhos quentes com vista para o mar e ensaiava o nudismo, que era incentivado pela diretoria. A princípio foi constrangedor; depois, muito libertador. Caminhava à beira-mar, tirava fotos, visitava os jardins, hortas, salas de artes... Fazia aula de ioga, biodança, massagens ao ar livre, entre outras atividades inspiradoras. Tudo naquele lugar é premeditado para o seu completo deleite, inclusive a comida, toda orgânica e proveniente de suas plantações.

Ao final do curso, cada participante retirou do baralho de tarô uma carta que, simbolicamente, seria a representação do futuro profissional de cada um. Esta foi a minha:

Ás de espadas. Eu não sei muito bem o que ela quer dizer, mas vejo uma espada (que no tarô simboliza o trabalho) coroada saindo de uma nuvem confusa e disforme. Muito pertinente e otimista.

. . .

Resolvi relaxar, me abrir, deixar a vida me guiar, me render. Já era óbvio para mim que a tentativa de "estar no completo controle" e tentar dar norte ao barco não estava sendo muito bem-sucedida. Alguns meses depois, eu e meu irmão fomos a outro encontro internacional com um mestre sufi. Filho do mestre a quem pedi ajuda para me guiar, na Espanha, ele se tornou mestre após o falecimento do pai.

Recalculando a rota

Eu estava em uma confusão interna tão grande que nem consegui falar com ele, incapaz de formular uma pergunta ou explicar qual era o meu problema, exatamente como havia ocorrido quando estivera frente a frente com seu pai. Se houvesse uma questão, seria algo como: "Aonde devo ir? O que devo fazer? Qual é o meu propósito na vida e qual é o verdadeiro segredo para a felicidade?".

Logo, decidi nada falar. Uns anos antes eu havia lhe enviado um e-mail sobre o quanto estava confusa e sobre como, desde que havia pedido a seu pai que me guiasse, minha vida tinha virado uma verdadeira catástrofe. Foi uma mensagem muito bem-humorada, pois eu já começava a entender que tudo fazia parte de um processo profundo de aprendizado, pelo qual sou muito grata hoje em dia. De alguma forma, fui colocada em todas as situações nas quais costumava julgar as pessoas, e isso me fez compreender que, na verdade, agimos de acordo com determinadas circunstâncias das quais geralmente não temos conhecimento. Mas, se você tivesse vivido aquela vida, tido as mesmas experiências, provavelmente agiria da mesma forma.

Passei o fim de semana tentando observar meus estados internos, perceber minha respiração e viver o presente. Muitas vezes eu ainda me perdia no pensamento e divagava sobre o que deveria fazer, pensava no futuro e sofria por antecipação. Notei que muitas pessoas olhavam para mim e sorriam quando meus olhos estavam perdidos no horizonte, como se pudessem ver o que eu estava passando.

Em um desses dias relaxantes e reflexivos, após o almoço, caminhei até o local das refeições para tomar um café. O mestre, que também estava passando por ali, olhou para mim e disse:

— Você me escreveu um e-mail há algum tempo, não é?
— Sim, é verdade. Estou surpresa por você se lembrar disso.
— Bom, eu não respondi à sua mensagem porque não estava preocupado com você naquele momento, como também não estou agora.
— Nossa, que bom! Pelo menos você não está preocupado. Lá em casa, todo mundo está!
— Achei muito legal o seu e-mail… divertido, gostoso de ler. Acho que você leva jeito com as palavras… Deveria escrever um livro.
— Um livro? Sempre pensei nisso, mas nunca soube exatamente sobre o que escrever.
— Bom, você pode começar contando suas histórias, como se estivesse me escrevendo várias mensagens.

Brinquei com a situação, não levando muito a sério a ideia, como se ele tivesse me dito um absurdo muito grande.

Então ele ficou sério e repetiu:

— Sério. Minha recomendação para você é de que escreva um livro.

Logo depois outra pessoa começou a falar com ele e saí dali. Fui deixada com os pensamentos correndo a mil pela minha cabeça. Um livro. Como não pensei nisso antes? Sempre tive uma grande facilidade para escrever. Usaria a criatividade, causaria impactos; um livro refletiria quem eu realmente sou, tudo o que é importante para mim. O mestre percebeu um potencial latente do qual eu nunca havia me dado conta. Por quê? Porque era algo natural, que envolvia pouco esforço. Um dom. Talvez essa fosse a minha forma de servir.

Recalculando a rota

> *A ilusão nunca nos satisfaz. Apenas a verdade de quem nós somos, se compreendida, nos libertará.*
> **Eckhart Tolle**

Agora era uma questão de me organizar para que pudesse colocar o plano em prática. Considerando meu horário louco e minha vida bagunçada, seria uma tarefa difícil. Mas não é todo dia que um mestre nos dá uma recomendação exata. Ela precisava ser ouvida.

O único lugar do mundo onde eu poderia parar de trabalhar por uns tempos seria o Brasil. Alguns dias depois, liguei para minha mãe e disse que estava voltando. Minha família inteira ficou muito feliz.

Então, iniciei o processo de encerramento da minha vida em Las Vegas: fechar contas, vender coisas, rescindir contratos, cancelar serviços e dar um fim a todo o resto, para ainda chegar ao Brasil em tempo para o Natal.

Levei sete meses para deixar tudo pronto. É incrível como os Estados Unidos têm o poder de imobilizar você. O sistema é construído para tal. Para adquirir crédito, você é obrigado a se endividar. E uma vez que você tenha crédito, fica ainda mais fácil fazer novas dívidas. Aí você se dá conta de que nunca conseguirá economizar e que se tornou um escravo trabalhando para o sistema, pagando impostos e comprando um monte de bugigangas das quais não precisa. Nada dura. Você tem que continuar comprando e alimentando o monstro, ou ele pode vir morder seu traseiro.

Durante esse período, o contrato de aluguel do meu apartamento expirou. Como eu não queria renová-lo, meu irmão e eu nos mudamos para a casa de uma amiga.

Alana Trauczynski

. . .

Os últimos meses em Vegas não foram tão excitantes. Minha mente já estava em outro lugar, e eu precisava deixar tudo pronto para voltar, mas há uma história que preciso contar. Imagine a cena: uma boate ultraexclusiva no topo do Mandalay Bay, hotel de luxo na Las Vegas Boulevard, com garrafas ilimitadas de Grey Goose na mesa de um dos meus amigos DJs. O tempo passa muito rápido quando você está se divertindo. De repente eram cinco da manhã, meu irmão dormia no carro e eu já estava cambaleando. Orgulho zero em dizer isto, mas não sei por que cargas d'água quem dirigiu fui eu.

Música alta e muitas risadas, até que esses sons se misturaram com o barulho das sirenes atrás de mim. Show de fogos? Paramédicos? Não. Polícia mesmo. Puta que pariu!!

Abaixei o som, acendi a luz, tentei parecer apresentável e ficar sóbria a jato. Saca pavor total? Essa era a parada.

– Boa noite, senhora. Será que se deu conta de que fechou a nossa viatura?

– Não, senhor policial. Desculpe-me. As estradas estão em construção, e fiquei confusa.

– A senhora bebeu esta noite?

– Mais ou menos... – Resposta mais tosca, impossível!

– Então siga o meu dedo com os olhos.

Foi aquele fiasco ficar mexendo o rosto tentando achar o maldito dedo.

– A senhora acha que está em condições de levar seus amigos com segurança para casa hoje à noite?

– Sim!

– Mas eu não acho. Por favor, saia do veículo e coloque as mãos no capô da viatura.

Nessa hora eu me vi passando a noite na cadeia, com minha sainha vermelha minúscula e bota de saltão, andando por corredores cheios de gente perigosa. A cena era de filme: mãos no capô, refletores na cara, o vento jogando os cabelos para trás e a saia para cima, feito Marilyn Monroe. Eu tentava simplesmente me manter equilibrada no salto, enquanto muitos pensamentos passavam pela minha cabeça: *O que fazer? Te concentra, Alana, te concentra. Tu não precisas disso na vida neste momento. Tu não tens dinheiro sobrando para pagar a fiança. Tu não queres isso pra tua vida. Deus, me ajude. Me ajude, por favor! A lição já foi aprendida. Preciso sair dessa.*

– Teremos que fazer alguns testes com a senhora. Pode me seguir até a calçada?

– Posso tirar minha bota, seu guarda? – Você tem que concordar que ninguém passaria no teste com um salto daquele tamanho.

– Claro. Pode tirar os sapatos.

Eu tive que segurar na árvore para conseguir tirar as botas.

E a tortura começou... Juro por Deus que passei, durante mais ou menos vinte minutos (que demoraram uma eternidade), por todo tipo de testes que você possa imaginar: caminhar em linha reta, encostar o pé na mão com os olhos fechados, contar até trinta com um pé levantado para a frente, ficar num pé só, andar de costas, tudo! Mas o nível de adrenalina era tão alto e eu estava tão decidida a me concentrar e com medo de ser presa, que fiz tudo melhor até do que faria sóbria. Sabe perfeição? Nem eu botava fé no quanto iria bem no teste! Tanto que os caras ficaram até meio confusos.

– Você foi muito bem nos testes, senhora. Mas está na cara que esteve bebendo? Teremos que chamar nosso sargento, e ele tomará a decisão final.

Ótimo, agora estou realmente ferrada, pensei. Decidi tentar falar manso com os policiais, no melhor estilo brasileiro, mas eles não estavam nem aí. Apenas me queriam dentro daquele carro, a caminho da delegacia.

– Seu guarda, estou morrendo de frio. Sou do Brasil, esqueceu? Vou congelar aqui antes da chegada do sargento... – Tinha acabado de dizer isso quando chegou a motocicleta do dito-cujo, um porto-riquenho tampinha de um metro e meio. Ele chegou e os outros dois lhe explicaram a situação. Eu consegui ouvir um pouquinho da conversa:

– Vocês estão levando isso a sério? Essa menina é muito bonitinha para ir para a cadeia... Ela tá muito bêbada?

Eu já via a luz no fim do túnel. *Respire fundo, Alana, respire fundo.*

Ele veio em minha direção:

– Olá, senhorita. Onde esteve esta noite?

– Oi, seu guarda. Eu estava na Foundation Room, no Mandalay Bay.

– Ah, é? Ouvi dizer que é legal lá na segunda-feira. Você se divertiu?

– Com certeza, seu guarda.

– E quem mais está no carro com você?

– Meu irmão, que estava dormindo no carro duas horas antes de sairmos. E também a minha amiga do Cirque du Soleil, que está naquele show *Love*, baseado nos Beatles, você sabe?

– Sério? Que irado! Ela sabe dar aquelas cambalhotas loucas e tudo mais? Que legal. E quem é a outra menina?

— O nome dela é Meriam Al-Khalifa; é minha amiga.
— Você está brincando? A princesa do Bahrein? Aquela que fugiu com o marinheiro? Aquela que foi entrevistada pela Oprah? Ela está no carro? Uau, meninos, a gente se deu muito bem hoje à noite!

Eu não estava entendendo nada, mas compreendi que minha amiga era uma princesa de verdade! Uma das princesas do Bahrein, que fugiu de seu país com um oficial da marinha americana e pediu asilo político nos Estados Unidos. Aparentemente todo mundo conhecia a história, menos eu. Para mim, ela era só a Meriam, minha companheira de baladas. Depois pesquisei no Google o nome dela e descobri tudo. Até filmes já tinham sido feitos sobre sua vida...

Ele caminhou até o carro, checou a identidade de todo mundo e disse:
— Você é a princesa? Meu Deus, o que aconteceu? Você ainda está com aquele marinheiro?
— Não, as coisas não deram tão certo assim. A gente terminou depois de alguns anos.

Então ele virou para a minha amiga dançarina e disse:
— E você? Cirque du Soleil, hein? Que tal nos mostrar alguns passos?
— Olha, seu guarda, eu estou de folga esta noite. Se você quer me ver dançar, vai ter que ir ao show! – Essa foi o máximo!

Então o cara virou para mim e falou:
— Nossa, teremos que tirar uma foto disso. Os outros guardas nunca vão acreditar em nós!

E lá estávamos, às 5h da manhã, tirando fotos com os guardas que me pararam por dirigir bêbada. Inacreditável! Esse é o tipo de coisa que não acontece nos Estados Unidos.

Simplesmente não acontece. Para finalizar, ele olhou para mim e disse:

— Bem, senhorita, acho que você deveria deixar seu irmão dirigir, porque ele me parece responsável. Foi um prazer conhecê-las, mas nunca mais quero ver meninas bonitas como vocês dirigindo embriagadas novamente, ok? Vocês estão colocando a vida em risco!

Não consegui fazer nada além de dar um longo abraço no bendito sargento. Ele me tirou de uma roubada que me acompanharia pelo resto da vida! Agradeci muito e fomos embora. Quando cheguei ao carro, tive um ataque nervoso e chorei desesperadamente por uns quinze minutos sem parar. Não podia acreditar no que havia acontecido. Afinal de contas, existiam policiais com um bom coração. E, mais uma vez, minhas preces realmente foram atendidas.

. . .

Dias mais tarde, tive uma visão meio que do nada. Não tenho certeza se foi um sonho ou um pensamento, mas havia duas Alanas. Uma delas olhava da perspectiva de um pássaro e sentia-se em paz; a outra estava em um cruzamento e havia vários caminhos diferentes a serem seguidos. A Alana de cima conseguia sentir a confusão, a ansiedade, a raiva e a dor da Alana de baixo. Daí veio a ideia para o livro. Minha vida havia sido uma sucessão de cruzamentos, e eu estava confusa em todos eles. Não me dava tempo suficiente para parar e pensar. Tratava cada decisão como definitiva, como se não houvesse jeito de voltar atrás. A única forma de atrasar a pressão de escolher um caminho era girar em círculos, por quanto tempo fosse possível, em uma repetição negativamente padronizada.

"A vida é feita de escolhas", conforme todo mundo diz repetidamente. Há alguma verdade nisso, pensando de modo linear, o que acrescenta tensão e uma importância gigantesca para cada decisão que se toma. Se não houvesse volta, sempre teríamos que fazer a escolha certa. E, na maioria das vezes, como podemos saber qual é a escolha certa? O que sabemos para conseguir diferenciar o certo do errado?

Na minha forma de pensar, cada momento que passa é uma oportunidade de mudar tudo de novo. Você pode cometer erros, fazer más escolhas, pegar caminhos errados e recalcular a rota. Quem sabe pode encontrar algo novo? Aprender algo diferente? Nada está perdido, desde que você dê significado às coisas e aprenda sempre.

A paz começa comigo.
Dr. Ihaleakala Hew Len

Então tomei a maior decisão de todas: ser aquela Alana com visão de pássaro. Decidi ficar em paz e olhar para mim mesma com amor e compaixão. Precisava relaxar e desistir de tomar decisões importantes. Eu não me dava o tempo necessário, não tinha paciência comigo mesma, não esperava as coisas ficarem claras. A partir desse momento, eu deixaria as escolhas se fazerem sozinhas. Deixaria minha mente livre para abrir espaço à inspiração e simplesmente prestar atenção. Pode-se dizer, de certa forma, que "atenção" é o oposto de "tensão". É estar consciente e não preocupado. É usar os sentidos para detectar estados de espírito sem julgá-los, evi-

Alana Trauczynski

tá-los ou rejeitá-los, mas, sim, observando-os pacificamente. Eu focaria no meu bem-estar, na minha saúde, no controle da minha ansiedade. Eu me libertaria do suplício no qual tinha se transformado a minha vida. Como poderia esperar resultados diferentes se estava sempre seguindo o mesmo padrão de comportamento? Eu era uma pipoca que pulava longe a cada vez que a chapa começava a esquentar. A mudança precisava ser real e vir de dentro. Eu precisava esvaziar a minha mente, livrar-me verdadeiramente de tudo o que eu achava que "deveria" fazer.

Ilha de Maui,
HAVAÍ

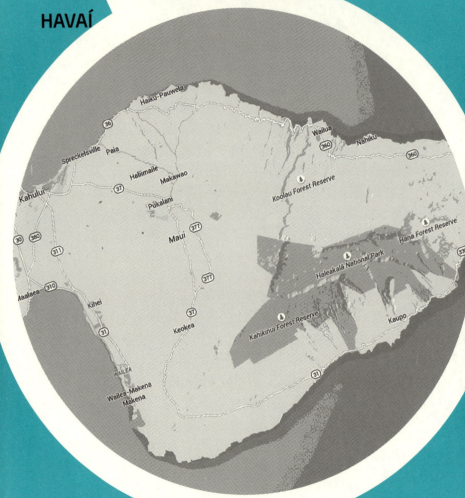

Você é responsável
pela vida que tem

Viajante
FORFUN

Me sinto em casa em qualquer lugar
Mas sou turista em todos
Sou viajante em qualquer lugar
Sou uma parte do todo

Logo depois de pensar sobre isso, recebi um telefonema do meu pai dizendo que ele ia para o Havaí para um *workshop* com o Joe Vitale (um dos caras que estão no filme *O segredo*) e um misterioso xamã local que aparentemente conhecia o segredo real, pois havia curado um hospital inteiro de criminosos psicopatas sem nunca vê-los profissionalmente. O método chamava-se Ho'oponopono. Eu tinha que ir também; precisava saber o que significava isso.

Alana Trauczynski

> O processo do ho'oponopono é essencialmente sobre liberdade, liberdade completa em relação ao nosso passado.
>
> **Morrnah Nalamaku Simeona, Master Teacher**

O *workshop* foi muito inspirador, já que tinha muito a ver com os meus pensamentos naquele momento. Basicamente disseram que nós somos 100% responsáveis por tudo o que acontece em nossa vida. Escolhemos onde nascemos de acordo com nossas necessidades de aprendizado. O mundo sempre será como nós o percebemos, pois é projetado por nós em uma ilusão que depende dos nossos filtros, ou seja, nossas próprias experiências e traumas. Para mudá-lo, temos que mudar a nós mesmos, ou seja, precisamos nos livrar de todos os programas que foram "baixados" em nossa CPU tão imaculada, tanto nesta vida, como em outras passadas. Limpar nosso "sistema" de todas as crenças, condicionamentos e informações equivocadas pode nos colocar em um ponto neutro, chamado de "ponto zero", um lugar sem limites, onde há espaço para tudo florescer por meio da inspiração.

Isso também quer dizer que não precisamos ficar nos estressando na necessidade de definir objetivos e metas em nossa vida, mas, sim, nos livrar de todas as memórias dolorosas, de forma a nos tornarmos suficientemente transparentes e abrir espaço para deixar a vida fluir através de nós, seguindo o melhor rumo possível em direção ao nosso propósito verdadeiro. Até um objetivo pode ser uma limitação, se ela tiver a ver com algo que o seu ego deseja, mas não exatamente com aquilo de que você precisa. Estar alinhado com o plano divino não é a melhor coisa que poderia acontecer?

Recalculando a rota

> O problema não são as pessoas, os lugares e as situações, mas, sim, os pensamentos que se têm sobre eles.
>
> Dr. Ihaleakala Hew len

O fim de semana em Maui foi uma virada de página na minha vida, porque me relaxou completamente. Eu não precisava escolher mais um caminho, pois o caminho certo se abriria no momento certo. Precisava apenas me livrar de todos os pensamentos tóxicos e substituí-los por amor: liberar meus medos, deixar para trás a minha dor, lavar meus arrependimentos, perdoar a todos aqueles que me causaram mal, abrir minhas feridas e limpá-las, liberar todos os *downloads* não autorizados e permanecer presente. Não é maravilhoso? Isso queria dizer que eu não precisava de nada ou ninguém além de mim mesma para mudar meu senso de realidade. O fim do sofrimento e o começo da liberdade por meio da fé. Não seria isso a tão chamada "paz de espírito"?

É claro que o processo de nos livrarmos de coisas tão incrustadas em nossa alma não é tão fácil assim. Para isso precisamos nos conhecer muito bem, e esse processo de autoconhecimento acaba gerando um grande alívio.

Existem muitos caminhos para chegar a esse fim. Não importa que método, técnica, filosofia ou religião você use, desde que busque aquela que faz sentido para você. Basicamente, precisa resolver todas as questões que o sequestram emocionalmente, da forma que lhe for mais relaxante. Você pode resolver todos os seus problemas consigo mesmo. As outras pessoas não farão nada mais do que responder ao seu novo modo. Eu e o meu pai nos entusiasmamos com a liberdade, com o fato de não necessitarmos do outro para alcançar esse fim. Tivemos algumas conversas reveladoras e muitos momentos cheios de amor. Estávamos felizes.

De lá voltei para Vegas, onde fiquei por mais alguns meses, e aproveitei a fundo todas as pessoas e coisas das quais sentiria falta: meus amigos e companheiros de trabalho, o clima, os restaurantes, o *wakeboard* no Lake Mead, os cinemas gigantes, as festas na piscina, o *snowboard*, as festas na casa de amigos, as noites estreladas do deserto, as comidas, as viagens. Meu irmão já tinha voltado ao Brasil e me esperava em casa. Eu me sentia preparada para encarar os meus medos mais profundos e começar a ver o Brasil como o lugar ao qual pertencia. Estava pronta para escrever o livro e ficar perto da minha família, meus grandes companheiros de jornada. Meu coração me dizia para voltar.

> Este caminho é do coração? Se sim, é um bom caminho; se não, é um caminho inútil. Para escolher um caminho, você deve estar livre do medo e da ambição.
> **Carlos Castañeda**

Eu estava certa de que meu caminho era o do coração. Naquele momento, já livre do medo e sem muita ambição, afinal, trocava minha vida confortável pela dúvida. Mas estava farta daquele mundo e pronta para mergulhar no meu próprio ser. A tocha da minha vida havia queimado mais intensamente do que a pira olímpica, e eu estivera sendo a atriz principal de um filme que já não me interessava mais. Os prazeres, os tesouros e as glórias do mundo já não despertavam meu interesse nem representavam a verdadeira felicidade. Assim, desejava que tudo na minha vida, incluindo meu trabalho, refletisse quem eu realmente era.

Recalculando a rota

"A ação de caminhar dissolve os apegos do mundo", li certa vez em algum livro. Percebi isso como verdade. Depois de viajar muito, chega um momento em que você se considera o seu maior patrimônio. O ato de deixar para trás tantas coisas, muitas vezes, gera um tremendo desapego. Você vê que, no final das contas, não precisa de nada. Cada vez que eu chegava com uma malinha a qualquer lugar, uma vida nova se apresentava. As lições que aprendi, as pessoas que conheci e as experiências que vivi eram meus únicos tesouros. Foi muito duro dizer adeus dessa vez. Todos aqueles que eu mais amava ficaram comigo até o último minuto, até aquele último abraço antes de entrar na sala de embarque, até a última lágrima.

E então você pode dizer aqui: "Puxa, mas assim é fácil. Ela teve um mestre que lhe mostrou o caminho. E eu? Eu não tenho mestre... O que faço?". Bem, digo-lhe que tenho plena certeza de que chegaria às mesmas conclusões, eventualmente, se começasse a fazer as coisas sobre as quais falo no próximo capítulo... Mas poderia levar um bom tempo!

Zero.
É onde a diversão começa de verdade.
Hafiz

Alana Trauczynski

> Onde quer que você esteja, esteja lá por inteiro.
>
> **Eckhart Tolle**

Cansei. Minha energia para ficar perambulando pelos aeroportos da vida havia terminado. Era hora de deixar para trás a ideia de que estava no total controle e de que tudo o que desejava obstinadamente deveria acontecer. Às vezes, o que é melhor pra você não coincide com aquilo que tanto deseja para si. Era hora de colocar em prática tudo o que havia aprendido.

Ao chegar, fui procurar uma história que havia lido há muito tempo, da qual me lembrava vagamente. Ela nunca fez tanto sentido quanto naquele momento.

Fátima, a fiandeira

Numa cidade do mais longínquo Ocidente vivia uma moça chamada Fátima, filha de um próspero fiandeiro. Num belo dia, seu pai a convidou para acompanhá-lo em uma viagem de negócios até algumas ilhas no Mediterrâneo, onde também esperava encontrar-lhe um marido, com o qual ela passou a sonhar imediatamente. Um dia, no caminho para Creta, armou-se uma tempestade e o barco naufragou. A única sobrevivente foi Fátima, então arrastada semiconsciente até uma praia perto de Alexandria.

Uma família de tecelões a encontrou. Embora pobres, cuidaram dela e lhe ensinaram seu ofício. Desse modo, ela iniciou uma nova vida e, em um ou dois anos, voltou a ser feliz, reconciliada com seu destino, que nessa época exatamente a surpreendeu outra vez. Um dia, quando estava na praia, foi capturada por um bando de mercadores de escravos. Ela suplicou liberdade, mas foi levada sem compaixão a Istambul para ser vendida. No mercado, um dos poucos compradores, um homem que procurava escravos para trabalhar em sua serraria, onde se fabricavam mastros para embarcações, teve pena da jovem e comprou-a para que fosse uma acompanhante da esposa dele, pensando em poupar-lhe sofrimento. Mas, chegando em casa, descobriu que havia perdido quase tudo quando piratas lhe roubaram os carregamentos. Sendo assim, viu-se obrigado a dispensar quase todos os empregados. Ele, a mulher e Fátima se revezaram, então, na árdua tarefa de fabricar os mastros.

Grata pela consideração que o homem teve para com ela, Fátima trabalhou incansavelmente e, como recompensa, seu senhor não só lhe concedeu a liberdade, como também a tornou sua ajudante de maior confiança, o que fez com que ela outra vez se sentisse relativamente feliz.

Um dia, seu patrão lhe pediu que fosse como sua representante a Java para realizar um importante negócio, mas, novamente, o barco naufragou numa tempestade perto da costa chinesa e Fátima foi jogada numa praia de um país desconhecido. Ela, então, chorou amargamente porque, quando tudo parecia andar bem, algo lhe mudava o destino e nada acontecia conforme esperava.

Ao chegar a um vilarejo, não compreendeu por que as pessoas queriam que ela fosse ver o imperador da China. Mas logo descobriu que havia uma lenda: uma mulher estrangeira construiria uma tenda para ele. Naquela época não havia ninguém na China capaz de fazer uma tenda, e todos aguardavam ansiosos o cumprimento da profecia. De tempos em tempos, os sucessivos imperadores mandavam mensageiros a todas as cidades e aldeias procurando mulheres estrangeiras que pudessem ter chegado ao país.

Fátima foi levada ao imperador, que lhe perguntou se ela saberia fazer uma tenda. Ela respondeu que achava que conseguiria. Pediu cordas, mas, como não havia, lembrou-se de seus tempos de fiandeira e fabricou cordas com linho. Pediu alguns tecidos resistentes, mas, como não havia nenhum que servisse, lembrou-se de seus tempos com os tecelões de Alexandria, e fabricou um tecido forte. Pediu estacas, mas não as tinham também. Com a experiência adquirida com o fabricador de mastros de navio, ela fabricou fortes e resistentes estacas. Ainda puxando pela memória, Fátima lembrou-se de todas as tendas que havia visto em suas viagens.

Quando a maravilha foi mostrada ao imperador, este se prontificou a realizar qualquer desejo de Fátima. Ela escolheu morar na China, onde se casou com um belo príncipe e teve filhos, vivendo feliz até o fim de seus dias.

Idries Shah

Ler essa história acalentou muito o meu coração. Afinal, poderia ser que todos os erros, as desgraças, as ruas sem saída e as coisas que deram aparentemente errado fossem parte de um grande acerto. É claro. Experiência faz um bom escritor, no mínimo. Muitos sabem escrever bem e brincar talentosamente com as palavras. Mas quantos realmente têm algo a dizer? Quantos têm uma mensagem mais profunda por trás das frases bem-elaboradas? Não estou dizendo que a experiência vem apenas das viagens. Isso por si só não faz ninguém mais sábio. Há bons escritores que viveram a vida inteira na mesma cidade, contudo são capazes de viajar em sua própria terra, ou seja, dentro de si mesmos. Esse era o tipo de viagem que ainda me faltava. Tinha que descobrir quais eram minhas verdadeiras motivações para ter passado a vida inteira fugindo.

Primeiramente precisava de uma vez por todas resolver as questões em aberto com a minha mãe. Gostaria de ser evoluída o bastante para limpar as coisas dentro de mim sem ter que confrontá-la, mas não foi o caso. Em vez disso, envolvemo-nos em várias brigas homéricas. Nossos gênios pareciam incompatíveis, e estar morando na mesma casa era garantia de discussões frequentes. Em pleno Natal, tivemos um quebra-pau familiar generalizado. Considerando que todos estavam um pouco bêbados, a cena foi muito dramática e emocional. Pura merda jogada no ventilador. Só para que você tenha uma ideia, minha mãe saiu de casa e foi para um hotel. Isso me lembrou de uma frase que li na internet: "Se você se acha espiritualmente desenvolvido, passe uma semana com a sua família!".

Foi muito frustrante ver que, mesmo depois de todos aqueles anos longe, a convivência era ainda tão difícil. Na verdade, as reuniões de família normalmente sempre se recheavam de sorrisos e amor. Mas, de certa forma, penso que havia feridas encobertas e panos quentes que colocávamos para não ter que entrar em contato com elas. Atitude inútil, pois tudo o que está encoberto vem à tona em algum momento. É melhor puxar os tapetes e enxergar agora. Acusar os pais de culpados sempre é a coisa mais fácil a ser feita, mas eu me lembrava da frase repetida centenas de vezes no Havaí: "Você é 100% responsável por tudo aquilo que acontece na sua vida".

Portanto, comecei a fazer terapia. Nas primeiras sessões, só chorava. Chorava, chorava, chorava. Bastava uma sutil pincelada na dor embrulhada lá dentro que as lágrimas abundavam. Assim, durante quase dois meses o terapeuta ficava plantado na minha frente observando o meu choro por uma hora quase seguida, permeado de alguma conversa. Eu percebi o quanto guardava as coisas para mim, sem comunicá-las a ninguém. Podia estar passando pelo inferno e pessoa alguma saberia, porque eu não transparecia nunca. Entendi de onde vinha a minha dor de garganta crônica: dificuldade na comunicação do que acontecia dentro de mim, uma doença totalmente psicossomática. Aos poucos, as coisas começaram a ficar mais confortáveis, e eu conseguia falar abertamente sobre elas. Entrei em compartimentos escuros do meu emocional, nunca antes visitados. Lugares doloridos que nem sequer sabia que existiam, cavernas cheias de entradas escondidas, portas falsas, inflamações piores do que a mais terrível das amigdalites.

    É importante saber que essas partes existem. Também é possível que mesmo na escuridão esteja escondida uma chave que abra portas para um novo mundo de paz interior. A partir do momento que a gente começa a colocar luz em pontos obscuros, os grandes monstros sabotadores perdem seu poder. Uma das primeiras coisas de que me conscientizei se referia à "mosquinha" que eu projetava na minha mãe, na verdade a representação daquela voz dentro de mim mesma que dizia tudo o que eu não queria ouvir. Não era realmente minha mãe, mas uma imagem distorcida que eu havia criado dela. Uma mãe inventada pelas minhas memórias infantis, minha educação, meus traumas, minhas visões parciais dos fatos. Tive que me livrar de uma vez por todas daquela mãe ilusória para poder enxergar minha mãe verdadeira: uma companheira de jornada que também comete erros, que também se questiona, muda de ideia, desconhece algumas coisas, compreende melhor outras, faz o que é possível, e também faz cagadas, não sabe tudo. Eu precisava me livrar do peso exorbitante de suas opiniões e seus conselhos, que sempre tiveram muito efeito sobre mim. Tinha que matar aquela mãe inventada (dentro de mim, é claro!) para vê-la com clareza.

Após essa experiência, eu me dei conta de que a evolução espiritual acontece muito mais como resultado da remoção de obstáculos do que da aquisição de conhecimentos. É por isso que os livros de autoajuda não funcionam. Não adianta "saber" como as coisas são se não se vivencia a experiência. O que adianta é render-se. Admitir para si mesmo que algo precisa ser mudado e tornar-se aquilo que você diz e faz. Livrar-se das vaidades e ilusões para ser mais livre e aberto para a Verdade.

Só o nosso coração tem as respostas para o que de fato é melhor para nós. Ninguém de fora pode guiar nossa vida, solucionar nossos problemas; ninguém pode nos conhecer tão bem quanto nós mesmos, por mais que exista uma relação de intimidade. Algumas pessoas podem esclarecer-lhe coisas ou mesmo lhe mostrar outros pontos de vista, mas não se deixe influenciar demasiadamente. Muitas vezes, contrariar opiniões daqueles que são importantes para nós faz parte de um teste para verificar quanto acreditamos em nós mesmos.

Em várias ocasiões minha mente não quis ouvir o que dizia o meu ser, e isso me atrasou a vida por anos. Meu ego queria "matar" aquela mosca atordoante, que ficava zumbindo coisas diferentes da minha vontade. Imagine só, eu queria matar a única coisa que me sussurrava aquilo que eu mais precisava escutar.

Alana Trauczynski

Esse processo levou algum tempo para ficar claro em minha vida, mas, quanto mais claro ele se tornou, mais eu e minha mãe recuperamos o nosso amor uma pela outra, mais nós conseguimos dar risadas e aproveitar nosso tempo juntas, mais a gente se deu conta de que ficar brava uma com a outra é, na verdade, uma baita perda de tempo. Nosso amor vale muito mais a pena do que nossas diferenças. Tomar ciência disso me proporcionou um grande alívio.

Outra grande fonte de sabedoria foi a observação da minha sobrinha e afilhada durante seu crescimento. Existe muita beleza em ser criança. Elas não estão nem aí para o que está certo e errado, não seguem um padrão de comportamento ou um *script* preestabelecido, não estão preocupadas com o que os outros vão pensar. São livres para reinventar seu mundo a cada momento.

Esta é a grande mudança trazida por uma percepção mais aguçada: tudo o que era projetado no lado de fora estava, na verdade, dentro de mim. Observar, analisar, compreender e perdoar. Isso pode fazer tudo mudar. É claro que é mais fácil falar do que fazer. A mudança exige uma rotina diária, um esforço constante. Sei que provavelmente me esquecerei disso novamente em alguns momentos, minha mente fará seus joguinhos intrigantes e eu poderei me perder. A diferença agora é que estou consciente da minha natureza e mantenho minha vida sob constante observação. Observo fora, olho para dentro. Meu tempo de presença se expandirá cada vez mais e minha mente me dará mais dias de "férias" para que eu possa desfrutar as coisas que nunca havia apreciado anteriormente, em todo o seu potencial. Coisas simples como:

- o calor do sol tocando a pele de manhã cedo;
- a beleza de um céu azul e limpo;
- a beleza de um céu nublado e escuro;
- os barulhos, detalhes e cheiros da natureza;
- os diferentes sabores de uma boa comida;
- as sensações causadas por pisar a areia, tomar um banho quente, tocar algo macio, sentar-se na grama etc.

Tantos acontecimentos quando prestamos realmente atenção. Poderia descrever aqui centenas de milhares de coisas acontecendo neste exato segundo, mas a gente está sempre repetindo: "Que saco, que tédio, nada acontece...". Mas, se olharmos ao nosso redor com nossos sentidos em perfeita faculdade, poderemos perceber o turbilhão de coisas em movimento à nossa volta. O universo está mudando, a Terra está girando, o mundo está se reinventando. A gente só não tem "tempo" de perceber, mas, se o fizermos, vamos ver que nossos problemas são tão ínfimos quando comparados à grandeza da realidade, que é impossível sofrer por bobagens tão pequenas e estúpidas. Sem querer desmerecer seu sofrimento, caro leitor, mas ele é uma ilusão. Acorde; acorde enquanto há tempo! Sempre há tempo.

Eu tinha a sensação de estar vivendo entre mundos. Isso pode ser analisado de diversas formas, mas basicamente identificava em mim o mundo do ego e o mundo do ser. O mundo do ego é aquele onde eu vivi sem me dar conta durante a maior parte da minha vida; aquele que exigia de mim uma energia tremenda para ser benquista pelos outros. Tornei-me uma pessoa extremamente extrovertida, alegre, motivada, "pra cima", "pra frentex", somente para que as pessoas me amassem, começando por meus próprios pais. Já no mundo do ser, a sensibilidade, a sutileza, a paz e a compaixão tomam conta de mim... E o ego vira uma coisa tão demente, tão insignificante, tão patética.

Isso tem sido extremamente dolorido por um lado, principalmente porque um grande ego faz sucesso no mercado. E porque ainda estou de certa forma apegada àquela antiga versão de mim mesma... com a qual fiz tanto sucesso, fui tão vangloriada, elogiada, admirada. Mas ela parece ter caído por terra de vez. Tanto que, às vezes, chego ao cúmulo de me sentir uma pessoa pior porque não consigo mais pipocar em uma festa contando vantagens, nem fingir alegria eufórica quando estou triste e muito menos parecer mais interessante do que sou de fato. Tornei-me mais verdadeira, ou melhor, não consigo mais dissimular o que está por trás. Mas aquela ilusão era tão gostosinha. Perdê-la dói. Muito. Ao mesmo tempo, sinto-me mais próxima de viver algo real.

De certa forma, a humanidade está na mesma: todos apegadinhos ao mundo do ego, porque nem imaginamos como poderia ser outra coisa. Vamos largar as amarras, gente. Vamos mergulhar sem medo! Só pode ser para melhor. REAL, ao menos... REAL!

Uma pausa no sofrimento, um respiro do ser, uma pequena amostra (nada grátis) das maravilhosas possibilidades que poderiam estar por vir. Esse era apenas o reflexo de toda a beleza que também estava em mim, logo ao lado de toda a sombra. Qual delas refletir: a sombra ou a beleza? A opção é minha, feita a cada momento.

Outra coisa que ajuda bastante na descoberta de si mesmo é a meditação. Tá, tudo bem, já sei o que você vai dizer: "Eu não consiiiigooooo!". Bom, eu também não conseguia. Quer dizer, várias vezes ainda não consigo. Meditar, para mim, sempre foi uma simples prática de relaxamento, observação, atenção para comigo mesma. Você não pode ficar esperando experiências transcendentais. Estas são raras e ter expectativas deve até piorar as coisas. É mais uma questão de esvaziar a mente e ouvir o que outras partes de você estão dizendo. Seu coração, por exemplo. Certo dia, ao meditar antes de dormir, não esperava nada além disso quando um presente divino me foi graciosamente aberto. Segundos, talvez... mas que representaram uma vida inteira de busca.

Inspirei profundamente. Expirei. Repeti. Atenção e consciência no meu corpo. Atenção e consciência na respiração. Tensão zero. Pensamento zero. (Peraí... pensamento zero? Estava conseguindo!!!) Então me perdi. Comecei tudo novamente. Não pensava; só sentia. Muitas respirações profundas até que o fluxo de ar formou um canal que me transportou para um lugar onde não existia peso, pensamento, tempo nem idade. Apenas paz, energia vibrante. Tomei a forma de um fio de linha branca que lutava para criar contraste com o fundo de azul profundo. Dancei com o universo, tomando várias formas, mas mantinha a consciência do Todo. Brinquei com isso até que percebi (sem pensar!) que eu não era somente a linha. Eu era a linha e tudo o que havia, e conseguia sentir pelo resto. Era o resto. A linha se tornou um limite e, portanto, se desfez, transformando-me em um pó que se dissolveu no infinito de plenitude. Senti uma urgência pelo riso, um gargalhar de felicidade intensa sem motivo, mas nem disso precisei, pois também tinha a sensação de ser o riso. Era o riso. Nesse momento, chamou-me um apego pela ação humana do sorrir, e queria

Alana Trauczynski

fazê-lo. Aí voltou o pensamento e, com ele, uma tentativa de racionalizar, compreender, analisar o que estava acontecendo. Eu me perdi novamente por completo. O que aconteceu? Abri os olhos sorrindo. Somente segundos no nosso plano... mas uma eternidade em outro. Minha única meditação com experiências sensoriais inexplicáveis. Todas as outras que se seguiram foram tentativas de retornar àquele estado de perfeição e completude.

Parece que, quando se está aberto, tudo vai ficando mais fácil, as coisas vêm até você, as pessoas ligam, fazem convites inesperados, surgem oportunidades de trabalho, aparecem as circunstâncias ideais e você conhece as pessoas certas para suas necessidades do momento. É uma sensação muito boa. E prova que a vida – quando ela está no seu eixo e você está no seu centro – não precisa ser difícil. Muito pelo contrário. Por esses motivos, venho constatando cada vez mais que o grande trabalho de nossa vida é interno. Organize o seu interior e fora tudo flui. Se não está fluindo, é porque tem boi na linha. E boi na linha, minha gente, tem que virar *steak* no prato. Para isso: terapia, olhar para dentro, autoconhecimento, experiência de vida, meditação. Depois se sirva e delicie-se! E comece tudo novamente no seu próximo obstáculo!

Não sei quanto duram esses breves momentos de esclarecimento; só sei que sofro muito menos do que dez anos atrás. Coisas que me tiravam do eixo naquela época não me fazem nem piscar hoje em dia. É tão refrescante! Pelo menos isso quer dizer que alguma evolução – mesmo que lenta, travada e preguiçosa – está acontecendo.

Senti que estava preparada para começar a escrever. Meu próprio caminho trilhado era agora precioso, então resolvi botá-lo para fora! Passei dias entre a praia e o laptop, revivendo todos esses momentos, imortalizando-os para poder abandoná-los. Eu precisava "esvaziar minha xícara", como na história seguinte:

Um mestre recebeu um homem estudioso que buscava entender melhor os mistérios da vida. O mestre preparou chá. Enquanto o servia, começou a explicar, mas o homem estudioso não parava de interromper com suas próprias opiniões. Então o mestre encheu a xícara até transbordar.

O homem olhou a xícara transbordar até que não pôde mais se conter e disse:

– Está transbordando, não cabe mais!

– Como esta xícara – disse o mestre –, você está cheio de próprias opiniões e especulações. Como posso ensinar-lhe algo se você não esvazia sua xícara primeiro?

Um passo importante foi deixar de lado a arrogância de achar que eu sabia alguma coisa. Derramar minhas dores, distúrbios, problemas sobre o papel. Alegrias também. Tudo. Esvaziar-me por completo. Hoje, eu "só sei que nada sei". Cada vez mais quero me tornar uma página em branco a ser escrita a cada dia. Acordar para uma nova Alana diariamente. Sem julgamentos, condicionamentos ou bagagem desnecessária. Quero recriar o meu mundo a cada instante, como fazem as crianças antes de se tornarem adultos travados.

Ao terminar o livro, novamente me encontrava diante do vazio, mas o engraçado (e diferente) é que isso não me incomodava, não me deixava ansiosa e não me fazia querer desesperadamente sair dele. Não era um vazio existencial, do tipo "o que vou fazer da minha vida?", nem um vazio que me entristecia ou perturbasse. Apenas um vazio de silêncio, de uma calma suavemente alegre, de paz profunda, um vazio de relaxamento.

Posso dizer por experiência própria que não se deve ter medo dessa situação, pois tudo o que é vazio pode ser preenchido novamente. O vazio representa a oportunidade a ser preenchida mais utilmente.

Eu achava que iria "fazer" alguma coisa, mas foi o ato de escrever que me fez. Eu me sentia entusiasmada, em um intenso estado inspirado. O termo "entusiasmo" significa "cheio de Deus", quando existe profundo prazer e felicidade naquilo que se faz e você se sente como uma flecha indo em direção ao alvo, além de aproveitar a jornada. O processo era de reinvenção e descobrimento.

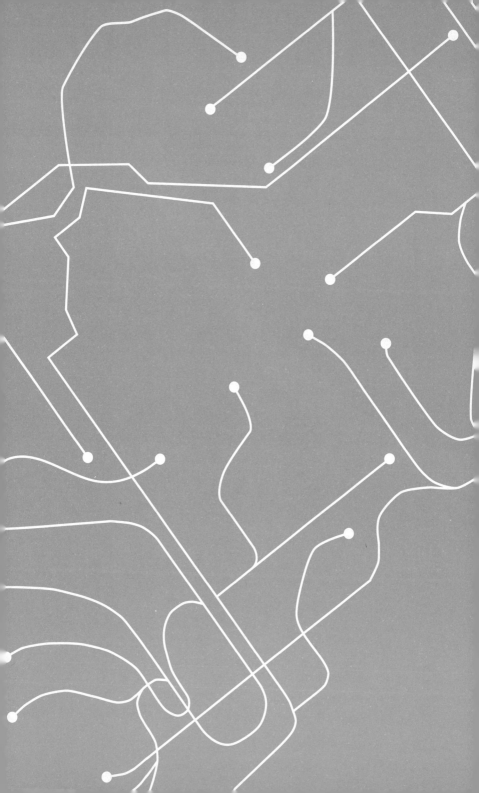

ROTA 4
Consultar o GPS interno

Alana Trauczynski

> Nosso maior medo não é o de sermos inadequados. Nosso maior medo é o de sermos poderosos além da conta. É nossa luz, não nossa escuridão, que mais nos assusta. Perguntamo-nos: quem sou eu para ser brilhante, maravilhoso, talentoso e fabuloso? Na realidade, quem é você para não ser tudo isso? Você é um filho de Deus. Diminuir seu valor não serve ao mundo. Não há nada de iluminado em diminuir-se para que as outras pessoas não se sintam inseguras ao seu lado. Nós nascemos para manifestar a glória de Deus que está dentro de nós. Ela não se encontra somente em alguns de nós, mas, sim, em todos nós. Quando deixamos nossa luz brilhar, inconscientemente damos permissão aos outros para fazer o mesmo. Quando nos liberamos de nosso próprio medo, nossa presença automaticamente libera outros.
>
> Marianne Williamson

Esse texto sempre me intrigou muito porque, desde pequena, quando pensava em coisas muito boas que podiam me acontecer, sempre tinha uma reação corporal muito estranha: taquicardia, suor, angústia, todos os sintomas do medo. Faça o teste agora. Pare neste momento e imagine todos os seus sonhos mais estapafúrdios tornando-se realidade. Tudo o que você sempre sonhou. Qual é a sensação interna? Como você se sente? Para mim, era uma pavorosa taquicardia. Isso me deixava intrigadíssima: quer dizer que eu então tinha medo de ser feliz? Medo de ser feliz? Inacreditável. Mas isso acontece, sim, com muitos de nós. A gente prefere muitas vezes ficar na merda quentinha, porque se sente confortável nela. Confortável porque não precisamos mudar, não precisamos entrar em contato com coisas dolorosas, não precisamos nos mexer. (Ah, vou sentir frio se sair daqui, tá tão quentinho, tão aconchegante!) Sair dela demanda muita coragem. Muuuuuiiita. Até porque você será julgado e agarrado por todas aquelas outras pessoas que preferem vê-lo ali, para que elas possam se sentir melhor pela própria procrastinação. Na maioria das vezes, só saímos quando a situação se torna realmente insuportável, do tipo desafiando nossa vida ou algo do gênero. Saímos por puro instinto de sobrevivência. Somente isso.

Mas não precisamos chegar até lá.

O medo da felicidade existe, a meu ver, quando a gente não se sente merecedor dela. (Assim tão fácil? Não preciso penar muito para merecê-la?) A trilha para atingi-la é dura, pesada, desgastante e cheia de lições difíceis. Mas, enquanto você vai caminhando, o medo vai diminuindo (porque já não há nada que possa ficar pior do que está), e, com ele diminuindo, você vai superando os obstáculos. Superando-os, começa a se sentir merecedor. É necessário trilhar o caminho para se sentir merecedor. Para isso, lá vai a frase piegas: é preciso dar o primeiro passo. Você pode ver que em todas as jornadas dos heróis (em filmes, contos, romances...) existe uma decisão, um caminho difícil, várias emboscadas, muito medo, em vários momentos vontade de desistir. Os problemas não param de chegar, e aquela primeira decisão já começa a parecer uma tremenda burrice. Noventa e nove por cento das pessoas desistem aí. Mas, para aquelas que persistem, o caminho começa a se abrir rapidamente e a tão sonhada meta se torna possível, além de ser fruto do merecimento.

Porém as pessoas invejam muito quem tem essa coragem. Preferem ficar torcendo para que o outro se ferre também, para que todos fiquem (confortáveis!) na merda quentinha. Enquanto não houver ninguém saindo de lá, eu não preciso me sentir mal comigo mesmo. Mas precisamos sair todos. Precisamos parar de invejar quem está saindo e botar nosso pezinho para fora. Saia você também desta prisão onde você mesmo entrou e se trancafiou. Você tem essa chave.

Pois bem. Escrever este livro, como já sabem, foi meu primeiro passo, que desencadeou uma série de outros. Esses passos não são fórmulas mágicas que funcionam para todo mundo. Funcionou de certa forma para mim; você terá que encontrar sua própria fórmula e vivenciar o próprio processo. Não há como fugir dele.

Só posso dizer que, ao longo de todo este caminho, fui questionada muitas vezes em relação "ao que estava fazendo" com a minha vida, a como estava pagando minhas contas, ao que seria de mim (afinal, ser escritor não é profissão) e mais uma série de outros questionamentos irritantes. E você não tem uma resposta para eles... nem para si mesmo. É preciso confiar em um sentimento interior, às vezes também incompreensível; resumindo: é muito, mas muito difícil passar de determinado ponto.

Tudo demorou anos, durante os quais eu não estava nada certa de que as coisas um dia se encaminhariam. Tinha muitas dúvidas, e convivia com a desesperança constante. Não havia nada de conto de fadas; eu sentia um baita medo. Todos se limitavam a me dizer quanto publicar era "difícil-quase-impossível", mas eu me recusei a acreditar nisso. O resultado está em suas mãos neste momento.

Recalculando a rota

A diferença entre este livro e muitos outros é o fato de no meu não existir "felizes para sempre". Esse negócio foi um filho da mãe que inventou para desgraçar a humanidade lá no início dos tempos! Gente, não existe a expressão "felizes para sempre". A vida é um perrengue, cheia de altos e baixos, curvas, lombadas e radares. O que muda somos nós. A forma como lidamos com os problemas pode ser otimizada, e é mais ou menos isso que podemos almejar.

O meu futuro pode continuar incerto aos olhos do mundo. Para mim, ele nunca esteve tão perfeitamente alinhado. Chego a essa conclusão por meio não só de uma certeza interna inexplicável, mas também do quanto me sinto feliz. Pela primeira vez na vida, caminho em direção ao alvo. Minha busca profissional, de toda forma, sempre foi somente uma boa desculpa para outra busca muito maior: um propósito, uma forma de servir ao mundo.

Mas neste momento você poderia pensar: "Tá, mas pra você foi fácil, já que contou com um mestre lhe apontando o dedo para o propósito". E concordo. Mas, se não fosse o caso, eu tenho fé de que o teria encontrado sozinha. Só levaria mais tempo! E para poupá-lo desse tempo vou externar aqui tudo o que entendi sobre propósito ao longo da minha história.

> *Cada um de nós veio a este mundo para realizar uma tarefa específica – e esse é o nosso propósito; se não o realizarmos, não teremos feito nada em absoluto.*
> **Rumi**

É curioso que nós, humanos, depois que realizamos alguns desejos de ordem prática – comprar um carro, ter onde morar, dispor de comida na mesa, viajar para tal e tal lugar –, começamos a perceber que algo mais profundo surge como desejo genuíno. Quando não estamos mais preocupados somente com a nossa sobrevivência, muitos de nós querem fazer pelo outro, ajudar o próximo, ir além de nós mesmos, gerar impactos no mundo, deixar um legado. É aí que começa todo o questionamento sobre propósito de vida: afinal, o que estou fazendo aqui? E o que posso acrescentar a este mundo?

Percebo que tais questionamentos geram muita ansiedade nas pessoas, porque o assunto hoje é muito falado. E nem posso falar nada, porque fui assombrada por eles ao longo de todos estes anos. Talvez por agora ter lucidez no que desejo e estar realizando o meu propósito, penso que a clareza virá quando você estiver realmente preparado para abraçar um propósito e vivê-lo! Foi assim para mim. No momento em que me senti preparada e que realmente precisava disso para dar sentido a minha vida, o mensageiro veio, deu o toque, e aí surgiu meu grande mérito: ouvir e dar passos rumo a ele.

Mas o fato é que hoje, estando já clara essa consciência, percebo que tal questão não deveria gerar ansiedade, porque, quando estivermos prontos, os sinais virão. Só precisamos estar preparados para ouvi-los e depois agir para cumpri-los.

Mas vou oferecer o meu melhor para realmente lhes tentar facilitar a descoberta do propósito. Estou dizendo aqui tudo o que gostaria muito de ter ouvido quando me fazia a maior pergunta da minha existência. Para tanto, escolho um sistema de pistas, e elas terão que ser analisadas, mas o quebra-cabeça de todas as pistas reunidas caberá a você montar.

Pista 1: O propósito maior é ser você!

Este é o propósito maior de qualquer existência: tornar-se

quem é. Precisamos tirar um pouco da areia que foi jogada em cima do nosso ser, sacudir a poeira e voltar a ter contato com toda essa essência. E é necessário que essa essência se reflita em todas as áreas da nossa vida: trabalho, relacionamentos, vida familiar... Se isso não acontecer, estaremos sempre sofrendo de alguma forma. SER VOCÊ parece simples, mas é trabalho de toda uma vida. O caminho também pode, no entanto, ser muito divertido se você encarar a missão com mais leveza e confiar em que todas as pistas ficarão claras no momento certo. Talvez este livro tenha sido uma delas; talvez o momento seja agora... Mas, se não for, simplesmente continue sua busca por mais consciência. Enquanto você estiver abrindo o caminho, as mensagens e as pessoas certas chegarão até você.

Pista 2: O seu propósito é contribuir para a evolução

Fazemos parte de um universo autoconsciente que está evoluindo. É seu dever, como porção única desse todo, contribuir com essa evolução. A melhor forma de começar é por si mesmo, tornando-se a sua melhor versão e, assim, cooperando para o aumento do nível de consciência geral. Se cada pessoa fizesse apenas isso, o mundo certamente já seria um lugar muito melhor.

Pista 3: O propósito pode estar associado ao sofrimento vivido

Tudo o que passamos e todo nosso sofrimento podem ser a principal matéria-prima para algo que vamos construir a partir de agora. Por exemplo, eu só posso ajudar outras pessoas a se encontrarem porque fui uma tremenda perdida. Se a gente nunca sentiu na pele o que a pessoa está vivendo, fica mais difícil despertar a compaixão e a compreensão necessárias para ajudá-la. Então tudo o que sofremos é muito importante para gerar empatia com os outros. É contar a nossa própria história que muitas vezes liberta o outro para contar a sua. E se houver um motivo maior para você ter passado tudo o que passou? E se tudo fosse justamente a experiência de que você precisava para cumprir o seu propósito? Para perceber como isso é verdade, basta dar uma olhada no mundo... Geralmente aqueles que começam uma ONG para ajudar pessoas com deficiências são mães ou pessoas que tiveram filhos ou parentes com deficiências; aqueles que iniciam um serviço de ajuda psicológica para pessoas abusadas sexualmente, geralmente, já passaram por situações de abuso sexual. Vira delegada aquela que já apanhou do marido.

Quem começa um projeto social para ajudar pessoas carentes já enfrentou épocas de carência na vida etc. Você pode ver também todos os *coachs* no mercado: aquilo em que eles se especializam tem relação com as coisas de que mais precisaram em determinado momento. Desse modo, o *coach* de carreira foi por muito tempo um perdido, o *coach* de autoestima sofreu com autoestima baixa durante muito tempo, o *coach* esportivo é um ex-gordo, e por aí vai...

Então que tal dar uma olhada em todo o seu sofrimento? Talvez seja a chave para você descobrir que tipo de projeto poderia iniciar! Que tal colocar um fluxo positivo em toda essa dor?

Pista 4: Seus talentos e dons naturais entrarão em uso para a realização do seu propósito

Que coisas você faz e considera tão ridiculamente fáceis que nem as valoriza? Que coisas você faz com o pé nas costas, sem esforço algum? Que presentes você recebeu de graça e, por isso, acha que não foram grandes presentes? Todos os talentos de que preciso no meu trabalho hoje sempre estiveram comigo, e nunca os valorizei. Eu estava sempre brincando de Jornal Nacional e de falar na frente da câmera, sempre brincando de atuar... E escrever sempre foi um ato tão natural que nunca passou pela minha cabeça assumi-lo como profissão. A professora dava um tema para redação e 90% da sala ficava meia hora matutando sobre o que ia escrever. E então, quando começavam, eu já tinha terminado a minha, e ela ficava sempre entre as melhores. Portanto, seria legal você se fazer estas perguntas: O que é fácil para mim? O que é natural? O que vem da minha essência?

> Qual é o seu dom?
> Seu dom é o que o Ser veio dar. Doar.
> A sua completude interna se revela na ativação do seu dom.
> Seu dom está alinhado com o propósito maior da sua existência.
> Este dom é seu...
> É único, pessoal, intransferível.
> Este dom não pode ser aprendido.
> Ele é a sua essência em ação.
>
> **(Autor desconhecido)**

Pista 5: Pode não estar claro para você, mas para os outros é óbvio

Logo que voltei para o Brasil visando escrever este livro, encontrei uma grande amiga de infância. Quando lhe contei com toda a felicidade do mundo que depois de muita busca tinha finalmente encontrado a minha missão, ela disse: "Meu Deus, mas eu sabia disso desde os nove anos de idade. Poderia ter te poupado todos estes anos! Desde que nos entendemos por gente visualizo você como uma escritora. Eu tinha certeza de que era você ia trabalhar com isso!".

E eu fiquei olhando assim para ela em choque. Como um mistério tão grande para mim poderia ter sido tão óbvio para ela? E por que ela nunca me falou? Simplesmente porque eu nunca perguntei! A gente é tão autocentrado, que acha que essas respostas têm que ser descobertas por nós mesmos, quando muitas vezes seria tão mais simples perguntar a quem nos assiste de fora e não está emocionalmente envolvido. Pense agora em cinco pessoas de diferentes fases da sua vida, mas principalmente foque sua infância e adolescência, a quem você poderia fazer uma pergunta assim. Esse hábito faz parte de diversos workshops que conheço para a descoberta do propósito e pode ser muito efetivo. Busque se encontrar com pessoas do seu passado com as quais faz muito tempo que não conversa. Elas podem trazer *insights* muito esclarecedores sobre você.

Pista 6: O propósito está diretamente relacionado à sua história e às suas experiências

A gente nem sempre entende por que as coisas acontecem quando estamos vivendo certo momento, mas, ao olharmos

Recalculando a rota

para trás, conseguimos ligar todos os pontos e perceber a perfeição dos acontecimentos. Tudo, absolutamente tudo o que já aconteceu com você, está relacionado ao seu propósito. E sua vida, sua família e suas experiências pertencem exclusivamente a você. Então, você tem, sim, algo ÚNICO pra trazer ao mundo. Uma combinação peculiar de experiências que podem gerar um produto inusitado. Você vem do mercado corporativo e agora está querendo virar chef de cozinha? Que aprendizado você trouxe que pode contribuir com sua nova área e acrescentar algo a ela? Você passou a vida dedicando-se à sua família, mas agora precisa novamente entrar no mercado? Que aprendizado incorporou ao criar uma família que você pode utilizar para humanizar as relações no novo trabalho? Você fez um curso superior que não tinha nada a ver com você? Que aprendizado você pode acrescentar aos seus novos interesses de outra maneira? Nada do que aconteceu foi em vão. Para de se culpar ou de se arrepender! Em vez disso, incorpore o seu passado no momento presente, fazendo com que ele se torne uma mola propulsora do seu futuro. Como as experiências passadas podem ser renovadas e transmutadas para que sejam úteis de outra maneira?

Pista 7: O propósito faz você se interessar naturalmente por algumas coisas

Você já se pegou clicando em um link sobre psicologia positiva quando trabalhava como advogada? Você já passou horas assistindo a palestras no TED* enquanto fazia um curso superior de Matemática?

---

*   Conferências mundiais sobre ideias que merecem ser compartilhadas. (N.A.)

Nós somos naturalmente atraídos por algumas coisas por um motivo: uma voz que fala dentro de nós! Que tal começarmos a observar as coisas que atraem misteriosamente a nossa atenção?

Pista 8: O seu propósito pode não ter a ver com o seu trabalho

É muita sorte na vida que o nosso propósito coincida com nosso trabalho... Mas isso não é uma regra! Tem gente que realiza seu propósito por meio de um hobby, um trabalho voluntário, uma viagem, uma ação social, um projeto inovador no bairro, um esporte, uma prática, ou ainda por meio da maternidade, da música, da dança etc... Independente de como isso se manifeste, é muito importante que cada um de nós encontre seu dom único e pessoal e também a melhor forma de trazê-lo ao mundo.

Pista 9: Se você está fazendo a sua parte, em um momento o propósito ficará claro

Se você está abrindo novos caminhos, abrindo-se para novas formas de pensar, expondo-se a novos conhecimentos, fazendo cursos que lhe atraem a atenção, abrindo-se para que novas energias fluam e correndo atrás de tudo o que pode lhe gerar um vislumbre de clareza, fique tranquilo! Você está possibilitando que as coisas certas o alcancem. Como está criando os caminhos, então elas virão no momento oportuno. O que a gente não pode fazer é se fechar. Fechar o nosso corpo e a nossa mente. Temos que estar no fluxo das coisas que nos falam de perto, promovendo o contato com pessoas que nos interessam. E aí ficar em paz porque os caminhos estão abertos.

Pista 10: Às vezes o necessário é só um novo significado para o que você já faz

Vocês viram que, antes de largar tudo em Las Vegas, eu meio que fiz as pazes com o meu trabalho lá. Na verdade, dei um novo significado a ele, percebendo que em qualquer área em que atuasse poderia acrescentar um pouco de mim mesma e mudar a vida das pessoas, não importando qual trabalho fosse. E eu me tornei uma *vibe changer*, uma pessoa que mudava a vibração das situações. As pessoas chegavam até mim nervosas, bravas, arrogantes e saíam calmas, felizes e abraçando-me. Quando eu percebi que tinha esse poder e podia usá-lo, meu trabalho ficou infinitamente melhor. De repente, até prazeroso! Isso me fez perceber que às vezes a gente só precisa dar um novo "significado" às coisas, olhar para elas de uma nova maneira. E isso muda tudo. No seu trabalho atual, não há nada que possa acrescentar a ele se olhá-lo de uma nova forma? Pense nisso antes de largar tudo! Uma mudança de percepção, aliada à responsabilidade pela mudança, pode ser a chave para a sua felicidade no trabalho.

Pista 11: Tire o foco de si e coloque o foco no outro

O ponto-chave do propósito é a questão de irmos além de nós mesmos, ajudar outras pessoas por meio da nossa realização plena, inspirá-las, tornar aquele caminho possível. Quando nós conseguimos visualizar um caminho, o universo talvez comece a manifestá-lo. Quando temos

clareza, o universo começa a nos ajudar. Para conquistar mais clareza, as perguntas são:
- do que o mundo precisa?
- o que me transforma em uma fonte de luz que ilumine o caminho de outras pessoas?

Para descobrir o nosso propósito, precisamos tirar o foco de nós mesmos e nos colocar a serviço da humanidade.

Essas são as onze pistas que considero relevantes para qualquer pessoa responder à pergunta inicial. Realmente espero que elas possam maturar dentro de você... Mas, assim que uma ideia comece a se formar, não hesite em colocá-la em prática.

Uma ideia, um projeto ou mesmo uma intenção valem muito pouco ou nada se não forem colocados em prática. Afinal, o grande mérito de uma ideia não está naquele que a tem, mas naquele que a executa. Se você não executar o que planeja, acaba enviando uma mensagem ao inconsciente de que não é capaz de tornar realidade um plano.

Quando não conseguimos atingir nosso objetivo, nós nos sentimos derrotados. Se, em vez de perdermos tempo com o sentimento de derrota, admitíssemos que representou uma boa oportunidade para corrigir a rota, estaríamos estimulados a elevar a qualidade do que estamos fazendo, evitando, assim, cair na negatividade da sensação de fracasso. O fracasso é simplesmente a preguiça de transformar uma situação negativa em positiva.

O verdadeiro fato que nos impede de realizar sonhos está em nossas reações inconscientes.

Por que você está se levando ao desespero, ao sentimento de culpa e incapacidade, à autoinvalidação? Isso, além de não o ajudar em nada, é altamente destrutivo! Assim você só vai perder energia, enfraquecer-se ao duvidar de si mesmo e aumentar a distância do resultado desejado, além de embaçar ainda mais sua visão!

Na realidade, o erro é uma parte importante de todo o processo. Faz parte dele! Errando você é chamado a usar o seu potencial criativo a fim de praticar o exercício da correção. De fato, nem existe erro, mas uma rota, um caminho, uma percepção a ser corrigida.

Quando você vê por esse ângulo, acaba estimulado a experimentar imensas possibilidades ainda não reveladas.

Um erro, quando reconhecido com consciência, leva inevitavelmente à ação correta.

Aposto que, enquanto você lê estas palavras, há uma voz de fundo balbuciando algumas outras, além de um sentimento forte em relação ao caminho que você sabe que deve seguir, mas não o faz. Pensar nisso acelera seu coração e o enche de alegria. Esta é a voz que você precisa escutar. Agora. Se este livro servir para que uma única pessoa escute essa voz, ele já cumpriu o seu propósito.

Escolha o caminho mais autêntico, que faz você se sentir mais você, por mais louco que pareça. Tome-o agora ou poderá perder anos preciosos da sua vida. Lembre-se de que nem sempre é o caminho mais fácil. Aliás, muitas vezes, aparentemente pode ser o mais difícil, porque o obrigará a enfrentar os seus medos e julgamentos, refletidos pelos medos e julgamentos dos outros. Mas a verdade é que, se você não fizer isso, mais uma vez a vida o colocará em uma encruzilhada. Portanto, escolha o caminho que vai lhe permitir evoluir. O caminho da verdade, da sinceridade consigo mesmo e com os outros, do amor, da compaixão, do aceitar-se por inteiro. Nunca é tarde. O medo do fracasso poderá atraí-lo cada vez mais. Só alcança o sucesso aquele que perde completamente o medo do fracasso por encarar ambos, sucesso e fracasso, como uma só coisa: aprendizado.

Seu destino está em ser o mais essencialmente você. Cada um de nós é uma única e exclusiva manifestação do Todo. Chega de classificar, rotular e aglomerar estilos. É mais fácil fazer parte de um coletivo do que ser único? Talvez. Mas bom mesmo é encontrar aquilo que só você veio trazer. Negar essa verdade significa negar o que há de mais genuíno em você. Medo da felicidade? Pense em quanto isso é ridículo.

Recalcular a rota é um processo normal para todos aqueles que estão evoluindo. Recalcule a sua. O GPS que você precisa para encontrar o seu caminho é interno. Então, na próxima vez que questionar o seu destino, não hesite. Mergulhe de cabeça na jornada mais emocionante da sua vida: o encontro consigo mesmo. Até para que seja possível ir além. Além de si mesmo.

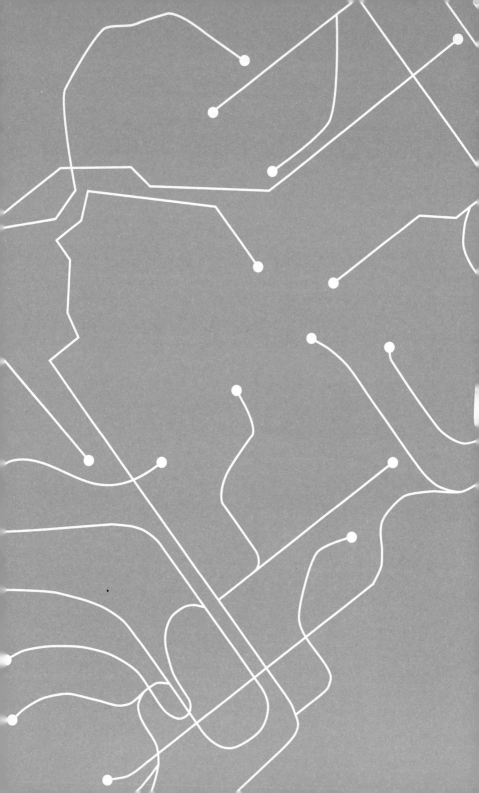

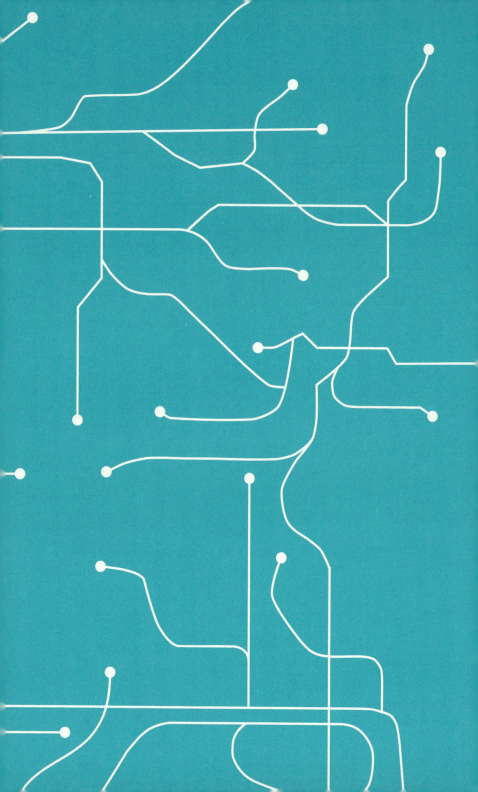

Agradecimentos

É muito difícil não cair em clichês aqui, mas serei eternamente grata a todas as pessoas que me ajudaram a transformar argila mole em cerâmica colorida por meio das suas observações na leitura antecipada do manuscrito. Agradeço a minha mãe, **Tania Abreu**, por ser a fortaleza viva que sempre segura as pontas e viabiliza a realização dos meus sonhos. E também a:

Meu pai, **Bruno Trauczynski**, por sempre elevar o nível da conversa para aquilo que realmente importa.

Adriana Calabró, por ter entrado na minha história já com crédito de personagem principal e por me apresentar a alguém pela primeira vez como "escritora".

Thiago Lacerda, por não hesitar em tornar possível o sonho alheio.

Fabianne Bertoli, por afirmar que este livro seria publicado sem sombra de dúvidas e fazer todo o possível para me ajudar.

Marcos Pedri, por seu *feedback* precioso e por sua ajuda em fazer o livro acontecer.

Daniela Duarte, por sua crítica implacável e por me fazer acreditar que este sonho era possível.

Kingsley Dennis e **Tahir Shah**, por suas palavras sempre preciosas.

Todas as pessoas no mundo que utilizam seu tempo para inspirar.

Muito obrigada!

TIPOGRAFIA:
Exo

PAPEL:
Pólen 80 g/m² [miolo]
Cartão Supremo 250 g/m² [capa]

IMPRESSÃO:
Intergraf [julho de 2015]